Aus der Vollwertküche:
Rezepte für alle Tage

Aus der Vollwertküche:

Rezepte für alle Tage

Elsbeth Blaser
Hildegard Schmitz

Energie-Verlag Heidelberg

ISBN 3-87200-677-0

Erste Auflage, 1990

© Energie-Verlag GmbH, Heidelberg

Umschlag: Bernhard Zerwann
Typographie: Friedrich Vogt
Fotos: Knorr-Maizena, Komplett-Büro (Carmel, Info-
Banane, Kikkoman, Neuseelandkiwi, USA-Erdnüsse),
Molkerei Alois Müller, Christian Teubner
Illustrationen: Bernd Bücking

Inhalt

In den Rezepten werden folgende Abkürzungen verwendet:

EL Eßlöffel
TL Teelöffel
l Liter
TK Tiefkühl
E Einsetzen in den Backofen
T Temperaturregler Backofen
* zwischen den Zutaten
= Trennung der einzelnen Arbeitsgänge
* im Text = Arbeitsgang beendet

Wenn nichts anderes angegeben ist, sind die Rezepte
für vier Personen berechnet.

Was versteht man unter Vollwerternährung?

Wir leben in einem Land, dessen Lebensmittelgeschäfte übervoll sind mit erlesenen Delikatessen aus der ganzen Welt. Und doch machen sich heute viele Menschen auf die Suche nach dem einfacheren, natürlicheren Leben. Das drückt sich auch in der Wahl der Ernährungsform aus. Die Vollwerternährung hat dabei von allen praktizierten Ernährungsformen in den letzten Jahren den meisten Zuspruch bekommen.

Das Prinzip der Vollwerternährung ist der Verzehr vorwiegend pflanzlicher Nahrung im höchstmöglichen biologischen Wertezustand. Dieser wird durch geringen Einsatz von chemischen Hilfsmitteln in der Landwirtschaft und durch Verzicht auf das übertriebene Verfeinern der Nahrung erreicht.

Bei der Zusammenstellung der Vollwerternährung wird empfohlen, naturbelassene Lebensmittel zu verwenden, die möglichst viele lebensnotwendige Inhaltsstoffe enthalten, und darauf zu achten, daß bei der Verarbeitung möglichst wenige dieser Inhaltsstoffe verlorengehen.

Die Einschränkung isolierter und raffinierter Nahrungsmittel, wie z.B. Zucker oder Margarine, sowie die Empfehlung zum Verzehr von möglichst wenig industriell verarbeiteten Lebensmitteln sind wesentliche Aspekte der Vollwerternährung.

Für die Lebensmittelauswahl in der Vollwerternährung gelten folgende Regeln:

● Getreide und Getreideprodukte aus Vollkorn sollen im Vordergrund stehen, Produkte aus Auszugsmehl sind zu meiden.

● Isolierte Zucker und daraus hergestellte Produkte sind zu meiden.

● Pflanzliche Lebensmittel sind zu bevorzugen, teilweise als unerhitzte Frischkost.

● Fleisch, Fisch und Eier sind – wenn überhaupt – nur als gelegentliche Zugabe zu verwenden.

● Roh- bzw. Vorzugsmilch sollte als wertvoller Nahrungsbestandteil betrachtet werden.

● Naturbelassene Fette und Öle sollten in Maßen verwendet, extrahierte und raffinierte Fette und Öle gemieden werden.

● Alle Genußgifte, wie zum Beispiel Alkohol, sollten gemieden werden.

Dabei kennt die Vollwerternährung keine generellen Verbote, sondern nur Empfehlungen, »minderwertige« Produkte zu meiden.

Folgende Ziele sollen durch die Vollwerternährung angestrebt werden:

● Optimale Versorgung des Organismus mit allen lebensnotwendigen Nahrungsinhaltsstoffen.

● Aufrechterhaltung eines störungsfreien Stoffwechsels als Voraussetzung für optimale körperliche und geistige Entwicklung und Leistungsfähigkeit.

● Bildung von Abwehrkräften gegenüber Krankheiten.

● Vermeidung von Veredlungsverlusten bei der Produktion tierischer Lebensmittel.

● Energieersparnis sowie Umweltschutz und dadurch auch Vorbildfunktion.

● Langfristige Senkung der Kosten im Gesundheitswesen.

Die empfohlene Zusammmenstellung der Vollwerternährung sieht wie folgt aus:

25 % Gemüse und Obst
25 % Frischkorn, Rohmilch und Nüsse
50 % erhitzte Lebensmittel

Vielen Personen scheint jedoch bei allen Vorsätzen für eine gesündere Lebensweise die Lebensmittelauswahl und -zubereitung in der Vollwerternährung zu aufwendig.

Wo findet man naturbelassene Lebensmittel?
Beim Öko-Bauern, in Bioläden und Reformhäusern sowie in allen Supermärkten, die ein wachsendes Sortiment entsprechender Produkte anbieten.

Dieses Buch will helfen. Es zeigt, wie Sie auch mit alltäglichen Lebensmitteln besser kochen können, wie Sie mit ungewohnten umgehen müssen und wie Sie Ihren Speiseplan vernünftig ergänzen – kurzum: wie Sie mit Rezepten für alle Tage gesünder leben können.

Um Ihnen die Umsetzung der Regeln der Vollwerternährung zu erleichtern, haben wir die wichtigsten Lebensmittel aus der Vollwerternährung den verschiedenen Kapiteln schwerpunktmäßig zugeordnet.

Allgemeine Arbeitshinweise für den Elektroherd

Die Kochstellen

Die Schaltelemente für die Kochstellen haben unterschiedliche Kennzeichnungen.

Die nebenstehende Tabelle gibt Einstellungsempfehlungen zu den in den Rezepten angegebenen Garvorgängen.

Was ist zu beachten?

● Die angegebenen Einstellbereiche sind Mittelwerte.

● Es ist die Gebrauchsanweisung zum jeweiligen Elektroherd zu beachten.

● Grundsätzlich reicht für empfindliche Speisen, kleine Mengen und gutes Kochgeschirr eine niedrige Einstellung im angegebenen Bereich aus.

Der Backofen

Die Angabe der Temperatureinstellung in den Rezepten gilt für den **Backofen mit Ober- und Unterhitze.** Die Angabe der Back- oder Bratdauer bezieht sich jeweils auf das Einsetzen in den kalten oder in den vorgeheizten Backofen.

Beim **Umluftbackofen** (Heißluftbackofen) müssen die Temperaturen 25 bis 30 °C niedriger eingestellt werden als in den Rezepten angegeben, oder man richtet sich nach der Gebrauchsanweisung des Herstellers.

Garvorgänge	Einstellbereiche				
	Normal- und Blitz-Kochstellen			Automatik-Kochstellen	
Ankochen Erhitzen Aufkochen Blanchieren	3	9	12	Bei Nutzung der Ankochautomatik entfällt die Einstellung 9 bzw. 12 für »Ankochen« bzw. »Erhitzen«	
				9	12
Anbraten Andünsten Auslassen Rösten Bräunen Abbrennen Fritieren Karamelisieren	2½	6–8	9–11	6–8	9–11
Braten Backen	2	5–7	8–10	5–7	8–10
Abschlagen	2	3–5	5–7	3–5	5–7
Große Mengen: Fortkochen Dämpfen Dünsten Schmoren	1½	4–5	6–7	4–5	6–7
Fortkochen Dämpfen Dünsten Schmoren	1	3–4	4–6	3–4	4–6
Quellen Garziehen Erwärmen Schmelzen Stocken	½	1–2	1–3	1–2	1–3
Nachwärme für diverse Garvorgänge	0	0	0	0	0

Getreide und Getreideprodukte

Getreide und Getreideprodukte sind reich an Kohlenhydraten in Form von Stärke und reich an Ballaststoffen. Sie enthalten die Mineralstoffe Kalium, Calcium, Phosphor, Eisen, Magnesium, Kupfer, Mangan und Chrom und die Vitamine Thiamin, Niacin, Vitamin E und Folsäure. Getreide und Getreideprodukte sind relativ eiweißreich. Das Getreideeiweiß kann durch die Kombination mit Milch-, Ei- und Hefeeiweiß aufgewertet werden.

In der Vollwerternährung wird der Verzehr von Vollkorn und Vollkornprodukten empfohlen, die im Haushalt möglichst frisch verarbeitet werden sollten. Wird bereits industriell gemahlenes Mehl verwendet, so dient der Ausmahlungsgrad als Orientierungshilfe für den Nährstoffgehalt des Mehles. Er ist aus der auf der Mehlverpackung angegebenen Typenzahl zu erkennen. Je höher die Typenzahl des Mehles, desto höher der Nährstoffgehalt.

Frischkornmüsli

*8 EL Getreide (z.B. Weizen, Roggen, Gerste) *
*8 EL Schlagsahne, 4 TL Honig, 4 TL Zitronensaft *
*2 EL gehackte Nußkerne, 4 EL Rosinen *
2 Äpfel, 2 Bananen

Getreide grob schroten und mit so viel kaltem Wasser anrühren, bis ein Brei entsteht. Kühl stellen und 5 bis 12 Stunden einweichen *
Getreidebrei mit Sahne, Honig und Zitronensaft verrühren *

Nüsse und Rosinen unterrühren *
Äpfel waschen, vierteln, Kerngehäuse entfernen und Äpfel in feine Würfel schneiden, Bananen in Scheiben schneiden. Äpfel und Bananen unter das Müsli rühren.

Müsli »spezial«

3 EL Vollkornhaferflocken,
3 EL Vollkornweizenflocken, 2 EL Vollkornhirseflocken,
*1/4 l Milch, 4 EL Hagebuttenmark *
2 Birnen, 250 g Pflaumen

Flockensorten mischen, mit Milch und Hagebuttenmark verrühren *
Birnen waschen, vierteln, Kerngehäuse entfernen und Birnen in kleine Würfel schneiden. Pflaumen waschen, halbieren, entsteinen und in feine Streifen schneiden. Birnen und Pflaumen unter das Müsli rühren.

Grünkernsuppe

2 Möhren, 1 Zwiebel, 1 Knoblauchzehe,
1 bis 2 Stangen Porree, 3 Stangen Bleichsellerie,
2 bis 3 EL Öl, 80 g Grünkernschrot,
1 1/4 l Gemüsebrühe ∗
1 Lorbeerblatt, 1 Messerspitze Thymian, Meersalz,
1 TL Sojasoße ∗
2 Fleischtomaten, 50 g Goudakäse ∗
Petersilie

Möhren und Zwiebel schälen und grob raspeln. Knoblauchzehe auspressen. Porree und Sellerie putzen, waschen und in Scheiben schneiden. Öl erhitzen, Grünkernschrot und Gemüse darin andünsten, 5 Minuten dünsten, mit Brühe ablöschen und aufkochen ∗
Mit Lorbeerblatt, Thymian, Salz und Sojasoße würzen und 30 bis 35 Minuten fortkochen ∗
Tomaten überbrühen, enthäuten, entkernen und Fruchtfleisch in kleine Würfel schneiden. Tomaten und geriebenen Käse in die Suppe geben ∗
Lorbeerblatt entfernen, Suppe abschmecken und mit gehackter Petersilie anrichten.

Maissuppe

2 Päckchen getrocknete Steinpilze,
1/8 l warmes Wasser ∗
1 Dose Maiskörner (Abtropfgewicht etwa 285 g) ∗
30 g Butter, 20 g Weizenvollkornmehl,
1/2 l Hühnerbrühe ∗
1 rote Paprikaschote ∗
Meersalz, Pfeffer, Thymian ∗
1 Eigelb, 125 g Schlagsahne

Pilze im Wasser etwa 20 Minuten einweichen ∗
Maiskörner abtropfen lassen, die Hälfte davon pürieren ∗
Butter erhitzen, Mehl und Maispüree darin andünsten, Brühe und Einweichwasser der Pilze dazugeben und aufkochen ∗
Paprikaschote halbieren, entkernen, waschen und in Würfel schneiden. Mit Maiskörnern und Pilzen in die Suppe geben, aufkochen und etwa 5 Minuten fortkochen ∗
Mit Salz, Pfeffer und Thymian abschmecken ∗
Eigelb mit Sahne verrühren und Suppe damit legieren.

Gemüse-Hafertopf

200 g Sprießkornhafer ∗
200 g Zwiebeln, 2 Möhren, 200 g Bleichsellerie,
50 g Butter, 1/2 l Gemüsebrühe ∗
300 g TK-Erbsen, 50 g Pistazien, Petersilie,
Meersalz, Pfeffer ∗
50 g geriebener Parmesankäse

Hafer über Nacht in Wasser einweichen ∗
Zwiebeln und Möhren schälen und in feine Würfel schneiden. Sellerie putzen, waschen und in Scheiben schneiden. Hafer abtropfen lassen. Butter erhitzen, Zwiebeln, Möhren und Sellerie darin hellgelb andünsten,

Hafer dazugeben und andünsten. Brühe angießen, aufkochen und alles etwa 45 Minuten quellen lassen ∗ Erbsen und Pistazien hinzufügen und erhitzen. Gehackte Petersilie unterrühren und Hafertopf mit Salz und Pfeffer abschmecken ∗ Mit Parmesankäse bestreut servieren.

Weizen-Gemüsetopf mit Kräutersoße

150 g Weizenkörner *
1/4 l Gemüsebrühe *
3 Frühlingszwiebeln, 2 Stangen Porree, 1 Knoblauchzehe,
250 g Möhren, 1 Kohlrabi,
1/2 Sellerieknolle, 50 g Butter *
Kräutersalz, Pfeffer, Petersilie *
Kräutersoße: 2 Bund Kräuter (Schnittlauch, Dill,
Zitronenmelisse, Pimpinelle) *
150 g saure Sahne, 100 g Crème fraîche,
Kräutersalz, Pfeffer, Zitronensaft

Weizen abspülen und über Nacht in Wasser einweichen *
Wasser abgießen, Weizen mit Brühe ankochen und 45 bis 50 Minuten fortkochen *
Zwiebeln und Porree putzen, waschen und in Ringe schneiden. Knoblauchzehe auspressen. Möhren, Kohlrabi und Sellerie schälen, waschen und in Würfel schneiden. Butter erhitzen, Gemüse darin andünsten, zu den Weizenkörnern geben und 10 bis 15 Minuten dünsten *
Mit Salz und Pfeffer abschmecken und mit gehackter Petersilie bestreuen *
Für die Soße Kräuter waschen, trocknen und kleinschneiden *
Sahne mit Crème fraîche verrühren, Kräuter dazugeben und mit Salz, Pfeffer und Zitronensaft abschmecken. Soße getrennt zum Weizen-Gemüsetopf reichen.

Gemüserisotto

Foto Seite 25

1 Zwiebel, 1 Knoblauchzehe, 4 EL Öl ∗
200 g Langkorn-Vollreis, 1/2 l Gemüsebrühe ∗
150 g grüne Bohnen, 100 g Zucchini,
je 1 rote und grüne Paprikaschote, 100 g Champignons,
2 EL Öl ∗
Meersalz, Pfeffer, 75 g geriebener Parmesankäse,
1 EL gehackte Petersilie

Zwiebel und Knoblauchzehe schälen, beides in feine Würfel schneiden. Öl erhitzen, Zwiebel und Knoblauch darin glasig andünsten ∗
Reis einstreuen, andünsten, Brühe dazugeben, aufkochen und Reis 25 bis 30 Minuten quellen lassen ∗
Bohnen eventuell abfädeln, waschen und kleinschneiden. Bohnen 4 bis 5 Minuten blanchieren und abtropfen lassen. Zucchini waschen und in Würfel schneiden. Paprikaschoten halbieren, entkernen, waschen und in feine Würfel schneiden. Champignons waschen, putzen und größere halbieren. Öl erhitzen, Bohnen, Zucchini, Paprika und Champignons darin 10 Minuten dünsten ∗
Gemüse zum Reis geben, mit Salz und Pfeffer abschmecken und Käse und Petersilie untermengen.

Beilage: Tomatensalat.

Buchweizenauflauf mit Käsekruste

Foto Seite 26

200 g Buchweizengrütze ∗
1 Zwiebel, 40 g Butter, knapp 1 l Gemüsebrühe ∗
250 g Möhren, 2 Frühlingszwiebeln ∗
Meersalz, Pfeffer, 150 g Sahne-Dickmilch,
1 Bund Petersilie, gehackt, 3 Eigelb, 3 Eiweiß ∗
100 g geriebener Emmentaler

Grütze mit kaltem Wasser überspülen und abtropfen lassen ∗
Zwiebel schälen und in feine Würfel schneiden. Butter erhitzen, Zwiebel darin glasig andünsten, Grütze dazugeben und andünsten. Mit Brühe auffüllen und aufkochen ∗
Möhren schälen, waschen und in Scheiben schneiden. Frühlingszwiebeln putzen, waschen und in Ringe schneiden. Gemüse zur Grütze geben und 20 bis 25 Minuten fortkochen ∗
Mit Salz und Pfeffer würzen und Dickmilch dazugeben. Petersilie und verquirltes Eigelb unterrühren. Eiweiß steif schlagen, locker unterheben und Masse in eine gefettete weite Auflaufform geben ∗
Auflauf mit Käse bestreuen, in den vorgeheizten Backofen setzen und hellgelb backen.

E: Mitte
T: 200 °C / 15 bis 20 Minuten
      0   /   5 Minuten

Mit Tomatensoße und Blattsalat servieren.

Buchweizensalat mit Krabben

100 g Buchweizenkörner,
1/4 l Gemüsebrühe, 2 TL Olivenöl ∗
300 g Chicorée, 300 g Äpfel, Saft von 1 Zitrone,
200 g Möhren ∗
300 g Joghurt, Meersalz, Pfeffer,
1 bis 2 Knoblauchzehen ∗
200 g Krabben, 1 Bund Dill

Buchweizen in der trockenen Pfanne goldbraun rösten. Mit Brühe auffüllen, Öl dazugeben, 25 bis 30 Minuten quellen und abkühlen lassen ∗
Chicorée putzen, den bitteren Kern kegelförmig herausschneiden, Chicorée waschen und in breite Streifen schneiden. Äpfel schälen, Kerngehäuse entfernen und Äpfel in Spalten schneiden, sofort mit Zitronensaft beträufeln. Möhren schälen, waschen und grob raspeln ∗
Joghurt verrühren, mit Salz, Pfeffer und durchgepreßten Knoblauchzehen würzen und abschmecken. Chicorée, Äpfel und Möhren dazugeben und auf Tellern anrichten ∗
Krabben und Buchweizen darüber verteilen und mit gehacktem Dill garnieren.

Herbstsalat
mit Haferkörnern

100 g Haferkörner, 1/2 l Wasser ∗
Soße: 4 bis 6 EL Rotweinessig, 1 TL Senf,
1 ausgepreßte Knoblauchzehe, Meersalz, Pfeffer,
1 TL Honig, 6 EL Sonnenblumenöl, 3 bis 4 EL Schlagsahne ∗
400 g Weißkohl, 1 Staude Bleichsellerie,
2 Möhren, 1 rote Zwiebel ∗
2 EL Sonnenblumenkerne

Haferkörner im kalten Wasser 4 bis 5 Stunden einweichen. Im Einweichwasser ankochen, 30 bis 40 Minuten fortkochen, abgießen und auskühlen lassen ∗

Für die Soße Essig mit Senf, Knoblauch, Salz, Pfeffer, Honig, Öl und Sahne verrühren. 1/3 der Soße über die Haferkörner gießen ∗

Weißkohl putzen, waschen, den harten Strunk entfernen und den Kohl in sehr feine Streifen schneiden. Sellerie putzen, waschen und in feine Streifen schneiden. Möhren schälen, waschen und grob raspeln. Zwiebel schälen und in Ringe schneiden. Gemüse jeweils getrennt mit dem Rest der Soße vermengen, abschmecken und mit Hafer auf einer Platte anrichten ∗

Sonnenblumenkerne in der trockenen Pfanne anrösten und darüberstreuen.

Roggen-Tomatenauflauf

150 g Roggen, 1/2 l Wasser ∗
Soße: 100 g saure Sahne, 100 g Tomatenmark,
Meersalz, Pfeffer, Oregano ∗
150 g Zwiebeln, 1 Dose Tomaten (Abtropfgewicht etwa 850 g),
150 g Schafskäse

Roggen im kalten Wasser über Nacht einweichen. Im Einweichwasser ankochen, 45 bis 50 Minuten quellen und abtropfen lassen ∗
Für die Soße Sahne mit Tomatenmark verrühren und mit Salz, Pfeffer und Oregano abschmecken ∗
Zwiebeln schälen und in feine Würfel schneiden, Tomaten abtropfen lassen und in Stücke schneiden. Zwiebeln und Tomaten zu den Roggenkörnern geben und Sahnesoße unterheben. Schafskäse in Würfel schneiden und hinzufügen. Masse in eine gefettete Auflaufform geben und Form in den kalten Backofen setzen.

E: unten
T: 225 °C / 30 bis 35 Minuten
    0   / 5 bis 10 Minuten

Hirsesoufflé

250 g Hirse, 1/2 l Gemüsebrühe ∗
5 Eigelb, 200 g geriebener Goudakäse,
2 Bund Petersilie, Meersalz, Muskat ∗
5 Eiweiß

Hirse heiß überspülen. Brühe ankochen, Hirse darin 20 bis 25 Minuten quellen, abtropfen und abkühlen lassen ∗
Hirse mit Eigelb, Käse und gehackter Petersilie verrühren, mit Salz und Muskat abschmecken ∗
Eiweiß steif schlagen und locker unterheben. Hirsemasse in eine gefettete Auflaufform geben und Form in den vorgeheizten Backofen setzen.

E: unten
T: 200 °C / 35 bis 40 Minuten

Beilage: Tomatensalat.

Hirse-Gemüseauflauf

Foto Seite 68

200 g Hirse, 400 ml Gemüsebrühe ∗
250 g Möhren, 250 g Kohlrabi, 250 g Porree, 40 g Butter ∗
Meersalz, Pfeffer, 60 g Tomatenmark ∗
2 Eier, 500 g Joghurt, 100 g geriebener Goudakäse,
Meersalz, Pfeffer ∗
1 EL Öl, 1 EL gehackte Petersilie

Hirse heiß überspülen. Brühe ankochen, Hirse darin 20 bis 25 Minuten quellen lassen ∗
Möhren und Kohlrabi schälen, waschen und in Scheiben schneiden. Porree putzen, waschen und in Ringe schneiden. Butter erhitzen, Gemüse darin etwa 10 Minuten dünsten ∗
Gemüse mit Salz und Pfeffer abschmecken und in eine gefettete flache Auflaufform geben. Tomatenmark darüber verstreichen und Hirse darüber verteilen ∗

Eier mit Joghurt und Käse verquirlen, mit Salz und Pfeffer würzen und über den Auflauf gießen. Form in den kalten Backofen setzen und Auflauf goldgelb backen.

E: Mitte
T: 200 °C / 40 bis 45 Minuten
     0   /   5 bis 10 Minuten

Den Auflauf mit Öl bepinseln und mit Petersilie bestreuen.

Gewürzbrot

500 g Weizen, 30 g Hefe,
1/8 l lauwarmes Wasser, 1 TL Honig ∗
2 Zwiebeln, 1 Knoblauchzehe, 60 g Butter ∗
1/8 l lauwarme Milch, 2 Eier, 1 TL Meersalz,
1 TL Anissamen, 1/2 TL Fenchelsamen, etwas Muskat,
1/2 TL Rosmarin, 4 EL getrocknete Dillspitzen

Weizen fein mahlen, Hefe in die Mitte bröckeln und mit Wasser und Honig zu einem Vorteig anrühren, 30 Minuten gehen lassen ∗
Zwiebeln und Knoblauchzehe schälen und fein hacken. Butter erhitzen, Zwiebeln und Knoblauch darin 5 Minuten dünsten ∗
Zwiebel-Knoblauchmasse, Milch und Eier zum Vorteig geben, Salz, Anis- und Fenchelsamen, Muskat und Kräuter hinzufügen und zu einem geschmeidigen Teig verkneten. Teig in eine gefettete Kasten- oder Brotback-form legen und 30 Minuten gehen lassen. Form in den vorgeheizten Backofen setzen und eine Schüssel mit Wasser dazustellen.

E: unten
T: 200 °C / 45 bis 50 Minuten
     0   /   5 Minuten

Brot während des Backens mehrmals mit Wasser besprühen.

Hunsrücker Bauernbrot

700 g Weizen, 300 g Roggen ∗
60 g Hefe, 200 ml lauwarmes Wasser ∗
100 g Butter, 2 TL Meersalz,
2 TL gemahlener Koriander,
400 ml lauwarmes Wasser ∗
100 g Kürbiskerne, 100 g Sonnenblumenkerne,
50 g Sesam, 50 g Leinsamen

Weizen fein mahlen, Roggen mittel-grob schroten ∗
Weizenmehl und Roggenschrot mischen, Hefe in die Mitte bröckeln und mit Wasser zu einem Vorteig anrühren, 30 Minuten gehen lassen ∗
Weiche Butter, Salz, Koriander und Wasser dazugeben und zu einem geschmeidigen Teig verkneten ∗
Kürbiskerne, Sonnenblumenkerne, Sesam und Leinsamen unterkneten.
Teig in eine gefettete Brotbackform legen, nochmals 30 Minuten gehen lassen. Form in den vorgeheizten Backofen setzen und eine Schüssel mit Wasser dazustellen.

E: unten
T: 200 °C / 55 bis 60 Minuten
　　0　 /　　 10 Minuten

Brot während des Backens mehrmals mit Wasser besprühen.

Beerentarte

250 g Vollkornmehl, 1 Ei, 1 Eigelb,
1 Prise Meersalz, 100 g Honig, 200 g Butter ∗
500 g Beeren (Brombeeren, Johannisbeeren, Himbeeren) ∗
2 Eigelb, 50 g Honig, 125 g Schlagsahne,
30 g Pinienkerne

Aus Mehl, Ei, Eigelb, Salz, Honig und Butter einen Knetteig bereiten und etwa 30 Minuten kühl stellen ∗
Teig ausrollen und eine gefettete Tarte-form (26 cm Ø) damit auslegen. Boden mit einer Gabel mehrmals einstechen ∗
Beeren verlesen, waschen, abtropfen lassen und auf dem Teigboden verteilen ∗

Eigelb mit Honig cremig rühren, Sahne unterrühren und über die Beeren gießen. Mit Pinienkernen bestreuen und Form in den vorgeheizten Back-ofen setzen.

E: Mitte
T: 200 °C / 25 bis 30 Minuten

Tarte lauwarm mit geschlagener Sahne servieren.

Gemüserisotto ▶
Rezept Seite 15

Vollkorn-Früchtebrot

*300 g Weizen, 100 g Roggen *
40 g Hefe, 250 ml lauwarmes Wasser, 2 EL Honig,
50 g Butter, 1 TL Meersalz, 1 TL Zimt,
1/2 TL gemahlener Koriander, 1/2 TL gemahlener Anis,
1 Messerspitze Muskat, 1 Messerspitze gemahlene Nelken,
1 Messerspitze gemahlener Ingwer,
*1 TL abgeriebene Zitronenschale **
30 g getrocknete Feigen, 50 g getrocknete Datteln,
25 g getrocknete Aprikosen, 75 g Rosinen, 25 g Kokosraspel,
25 g gehackte Haselnußkerne, 25 g gehackte Mandeln

Weizen und Roggen fein mahlen *
Mehl mit Hefe mischen, mit Wasser,
Honig, Butter, Salz und Gewürzen zu
einem Teig verarbeiten und
30 Minuten gehen lassen *
Feigen, Datteln und Aprikosen in
kleine Würfel schneiden und mit
Rosinen, Kokosraspeln, Nüssen und
Mandeln unter den Teig kneten. Teig
in eine gefettete Kastenform geben,
2 Stunden gehen lassen, mit Wasser
bestreichen und in den kalten Backofen setzen.

E: unten
T: 200 °C / 50 bis 60 Minuten
   0   /   5 Minuten

Früchtebrot nach der Hälfte der Back-
dauer mit Alufolie abdecken.

Das Früchtebrot hält sich in Alufolie
oder Cellophanpapier verpackt einige
Wochen.

◀ *Buchweizenauflauf mit Käsekruste*
Rezept Seite 16

Prager Kirschtorte

150 g Weizen *
100 g Butter, 120 g Honig, 2 Eier,
herausgeschabtes Mark von 1 Vanilleschote,
1 TL Backpulver *
500 g Sauerkirschen, 4 EL Ahornsirup *
60 g Butter, 100 g Honig, 2 EL Milch, 1 TL Zimt,
150 g gehackte Walnußkerne

Weizen fein mahlen *
Butter mit Honig schaumig rühren,
Eier, Vanillemark und das mit Back-
pulver gemischte Mehl unterrühren.
Teig in eine gefettete Springform strei-
chen *
Kirschen waschen, entsteinen, mit
Ahornsirup beträufeln und auf dem
Teig verteilen *
Butter und Honig schmelzen, Milch

und Zimt dazugeben und Walnüsse
unterrühren. Masse etwas abkühlen
lassen und auf den Kirschen verteilen.
Form in den vorgeheizten Backofen
setzen.

E: unten
T: 175 °C / 45 bis 50 Minuten
        0   /   5 Minuten

Apfeltorte
»Heidemarie«

200 g Weizen ∗
100 g geriebene Mandeln, 2 EL Honig, 125 g Butter,
1 Ei ∗
1 kg Äpfel, 1/4 l Wein, 2 EL Honig,
1 TL abgeriebene Zitronenschale, 4 EL Zitronensaft ∗
6 Blatt weiße Gelatine, 100 g Rosinen ∗
100 g Butter, 120 g Honig, 150 g grob gehackte Mandeln

Weizen fein mahlen ∗
Aus Mehl, Mandeln, Honig, Butter
und Ei einen Knetteig bereiten,
30 Minuten kühl stellen ∗
Boden und Rand einer ungefetteten
Springform mit Teig auslegen und
Boden mit einer Gabel mehrmals
einstechen. Form in den vorgeheizten
Backofen setzen.

E: Mitte
T: 200°C / 10 bis 15 Minuten

Tortenboden auskühlen lassen ∗
Äpfel schälen, Kerngehäuse entfernen
und Äpfel in feine Stifte schneiden ∗
Wein mit Honig, Zitronenschale und
-saft aufkochen, Apfelstifte hineingeben und 2 bis 3 Minuten blanchieren ∗

Gelatine nach Anweisung auflösen
und mit Rosinen unter die warme
Apfelmasse rühren, kühl stellen.
Sobald die Apfelmasse anfängt, steif
zu werden, auf den Tortenboden
geben und kühl stellen ∗
Butter und Honig schmelzen und
Mandeln unterrühren. Den Boden
einer Springform mit Backpapier
belegen und die Mandelmasse darauf-
streichen, unter den vorgeheizten Grill
setzen und goldbraun überbacken.
Den Mandelboden noch heiß in
12 bis 16 Tortenstücke schneiden ∗
Die ausgekühlten Tortenstücke auf die
Apfeltorte legen.

Torte mit steifgeschlagener Sahne
servieren.

Buchweizentorte
mit Preiselbeeren

80 g Buchweizen ∗
6 Eier, 120 g Honig ∗
1 TL Backpulver ∗
500 g Preiselbeeren, 1/8 l ungesüßter Apfelsaft,
2 EL Honig ∗
4 Blatt weiße Gelatine ∗
500 g Schlagsahne, 1 bis 2 EL gehackte Pistazien

Buchweizen fein mahlen ∗
Eier mit Honig cremig schlagen ∗
Backpulver mit Mehl mischen und
unter die Eimasse heben. Teig in eine
mit Backpapier ausgelegte Springform
füllen und Form in den vorgeheizten
Backofen setzen.

E: unten
T: 200 °C / 30 bis 35 Minuten
    0   /   5 Minuten

Kuchen auskühlen lassen und in zwei
Platten schneiden ∗

Preiselbeeren waschen, verlesen und
im Apfelsaft 5 Minuten dünsten. Mit
Honig süßen ∗
Gelatine nach Anweisung auflösen
und unter die warmen Preiselbeeren
rühren, kühl stellen. Sobald die Prei-
selbeermasse anfängt, steif zu werden,
auf einen Tortenboden streichen ∗
Sahne steif schlagen, die Hälfte davon
über die Preiselbeeren streichen, Torte
zusammensetzen. Preiselbeertorte mit
der restlichen Sahne bestreichen,
garnieren und mit Pistazien bestreuen.

Möhren-Weizenschnitten

6 Eier, 200 g Honig, herausgeschabtes Mark von 1 Vanilleschote,
1 Prise Meersalz, 2 EL Zimt *
300 g Öl, 120 g gehackte Haselnußkerne, 120 g Kokosflocken *
400 g Möhren *
600 g Weizen, 4 TL Backpulver, 10 EL Milch

Eier mit Honig schaumig schlagen, Vanillemark, Salz und Zimt unterrühren *
Öl, Haselnüsse und Kokosflocken ebenfalls unterrühren *
Möhren schälen, waschen und fein raspeln *
Weizen fein mahlen, mit Backpulver mischen und mit der Milch eßlöffelweise unter den Teig rühren. Möhren ebenfalls unterrühren. Teig auf ein gefettetes Backblech streichen und in den kalten Backofen setzen.

E: Mitte
T: 200 °C / 25 bis 30 Minuten
       0   /   5 Minuten

In Rechtecke oder Rauten schneiden.

Reisklöße
mit Tomaten

200 g Rundkorn-Vollreis, 450 ml Wasser ∗
2 Zwiebeln, 2 EL Öl ∗
200 g Greyerzer Käse, 2 Eier, Meersalz, Pfeffer, Muskat ∗
1 1/2 bis 2 l Wasser, Meersalz ∗
2 bis 3 Zwiebeln, 4 EL Öl, 75 g Tomatenmark,
1 bis 2 EL Rosmarin, 1 kg Tomaten, Meersalz, Pfeffer ∗
50 g Greyerzer Käse, Rosmarin

Reis im Wasser ankochen, 35 bis 40 Minuten quellen und auskühlen lassen ∗
Zwiebeln schälen und in feine Würfel schneiden. Öl erhitzen, Zwiebeln darin hellgelb andünsten ∗
Käse reiben. Käse, Zwiebeln und Eier mit dem Reis vermengen, mit Salz, Pfeffer und Muskat abschmecken. Mit nassen Händen 16 Klöße daraus formen ∗
Wasser mit Salz ankochen, Klöße einlegen und 15 bis 18 Minuten garziehen lassen ∗

Zwiebeln schälen und in Würfel schneiden. Öl erhitzen, Zwiebeln darin andünsten. Tomatenmark und Rosmarin dazugeben und andünsten. Tomaten waschen, in Spalten schneiden, zu den Zwiebeln geben und 5 bis 8 Minuten dünsten. Mit Salz und Pfeffer abschmecken ∗
Gemüse mit den abgetropften Klößen anrichten und mit geriebenem Käse und Rosmarin bestreuen.

Spaghetti mit Paprikasoße

250 g Zwiebeln,
je 1 rote und grüne Paprikaschote, 2 Chilischoten *
3 bis 4 EL Öl, 100 g Tomatenketchup,
1/8 bis 1/4 l Gemüsebrühe *
1 Dose rote Bohnen (Abtropfgewicht etwa 400 g),
Meersalz, Pfeffer, Paprika *
1 1/2 l Wasser, Meersalz, 1 TL Öl,
375 g Vollkornspaghetti *
1 EL Öl *
1 Bund Schnittlauch

Zwiebeln schälen, Paprikaschoten halbieren, entkernen, waschen, Chilischoten aufschlitzen, entkernen und waschen. Alles in feine Würfel schneiden *
Öl erhitzen, Zwiebeln darin glasig andünsten. Paprika und Chilischoten dazugeben, andünsten, Tomatenketchup und Brühe hinzufügen und etwa 10 Minuten fortkochen *
Bohnen abtropfen lassen, in die Soße geben und erhitzen. Soße mit Salz, Pfeffer und Paprika abschmecken *
Für die Spaghetti Wasser mit Salz und Öl ankochen, Spaghetti einlegen, umrühren und 8 bis 10 Minuten quellen lassen *
Nudeln abgießen und in Öl schwenken *
Nudeln mit der Soße anrichten und mit Schnittlauchröllchen bestreut servieren.

Grünkernplinsen mit Pilzragout

150 g Grünkern, 1/2 l Wasser ∗
1 Bund Petersilie, 40 g Mehl, 2 Eier,
Meersalz, Pfeffer, Muskat ∗
500 g Nußchampignons ∗
40 g Butter, Meersalz, Pfeffer, 250 g saure Sahne ∗
1 Bund Petersilie, 40 g gehackte Haselnußkerne

Grünkern im Wasser über Nacht einweichen. Am nächsten Tag ankochen und etwa 45 Minuten quellen lassen, bis alle Flüssigkeit verdampft ist ∗
Petersilie fein hacken. Grünkern mit Petersilie, Mehl und Eiern vermengen, mit Salz, Pfeffer und Muskat kräftig würzen. Masse etwas pürieren und kühl stellen ∗
Champignons putzen, waschen, trockentupfen und in Viertel schneiden ∗ Grünkernmasse zu etwa 12 Plinsen formen. Butter erhitzen, Plinsen darin von beiden Seiten goldbraun braten und warm stellen. Pilze im selben Fett anbraten und mit Salz und Pfeffer bestreuen. Sahne hinzufügen, aufkochen und abschmecken ∗
Grünkernplinsen mit Pilzen anrichten, mit gehackter Petersilie und Nüssen bestreuen.

Buchweizenblinis mit Gemüse

100 g Buchweizenmehl, 1 Prise Meersalz, 1/8 l Wasser,
2 Eier, 1 Eigelb ∗
1 Bund Frühlingszwiebeln, 1 Stange Porree, 2 Möhren,
100 g Sellerieknolle, 1 Kohlrabi ∗
30 g Butter, 30 g halbierte Mandeln ∗
1/8 l Gemüsebrühe ∗
2 EL Öl ∗
125 g Schlagsahne, 1 bis 2 EL Senf, Meersalz, Muskat,
1/2 Bund Schnittlauch

Mehl mit Salz, Wasser, Eiern und Eigelb verschlagen und etwa 15 Minuten quellen lassen ∗ Frühlingszwiebeln und Porree putzen, waschen und in Ringe schneiden. Möhren, Sellerieknolle und Kohlrabi schälen, waschen und in feine Stifte schneiden ∗ Butter erhitzen, Mandeln darin hellbraun rösten, herausnehmen und abtropfen lassen ∗ Gemüse in der Mandelbutter andünsten, mit Brühe ablöschen und 5 bis 7 Minuten dünsten ∗

Öl erhitzen, aus dem Buchweizenteig portionsweise acht Blinis (etwa 15 cm Ø) von jeder Seite etwa 4 Minuten backen. Blinis warm stellen ∗ Sahne mit Senf verrühren, zum Gemüse geben, aufkochen und etwas eindicken lassen. Gemüse mit Salz und Muskat abschmecken und Mandeln dazugeben. Mit Schnittlauchröllchen bestreut zu den Blinis servieren.

Pizza

Foto Seite 67

Teig: 350 g Weizen, 150 g Roggen ∗
350 g Buttermilch, 1 TL Kräutersalz, 1 TL Kümmel,
1/2 TL Koriander, 30 g Hefe, 5 EL Olivenöl ∗
Belag: je 1 rote und grüne Paprikaschote, 250 g Tomaten,
250 g Zucchini, 150 g Champignons,
6 Artischockenherzen (in Lake eingelegt) ∗
Guß: 1 Zwiebel, 250 g Schlagsahne, 150 g geriebener Emmentaler,
3 Eier, 1/2 TL Kräutersalz,
3 EL gehackte Kräuter (Petersilie, Thymian, Salbei)

Weizen und Roggen fein mahlen ∗ Buttermilch, Salz, Kümmel, Koriander und zerbröckelte Hefe in der Rührschüssel der Küchenmaschine vermengen. Vollkornmehl dazugeben, vermengen, Öl hinzufügen und alles in 5 bis 6 Minuten mit den Knethaken zu einem festen, aber elastischen Teig verkneten. Teig in der Rührschüssel zugedeckt 15 bis 20 Minuten gehen lassen ∗
Teig nochmals durchkneten, zu einer Kugel formen, auf einem gefetteten Backblech ausrollen und einen Rand hochziehen ∗
Für den Belag Paprikaschoten halbieren, entkernen, waschen und in Ringe schneiden. Tomaten und Zucchini waschen, beides in Scheiben schneiden. Champignons putzen, waschen und halbieren oder in Scheiben schneiden. Artischockenherzen abtropfen lassen und halbieren. Gemüse auf der Teigplatte verteilen ∗
Für den Guß Zwiebel schälen und in Würfel schneiden. Sahne mit Käse und Eiern vermengen, Zwiebel, Salz und Kräuter hinzugeben. Guß über das Gemüse gießen. Teig nochmals 5 bis 10 Minuten gehen lassen. Backblech in den kalten Backofen setzen und Pizza goldgelb backen.

E: Mitte
T: 200 °C / 30 bis 35 Minuten
　　0　/　　5 Minuten

Gemüse und Kartoffeln

Gemüse ist wesentlich für die Versorgung mit Vitaminen und Mineralstoffen, vor allem von Provitamin A, Vitamin C, Eisen, Kalium und Magnesium. Gemüse ist reich an Ballaststoffen. Die im Gemüse enthaltenen Geschmacks-, Geruchs- und Aromastoffe wirken anregend auf verschiedene Funktionen des Verdauungssystems.

In der Vollwerternährung wird der reichliche Verzehr von Gemüse empfohlen, wobei der Anteil unerhitzter Gemüse in Form von Frischkost hoch sein sollte.

Kartoffeln sind reich an Kohlenhydraten in Form von Stärke und reich an den Vitaminen C, B_1, B_2 und Niacin. Sie enthalten beachtliche Mengen an Kalium, Eisen und Magnesium. Kartoffeln sind ballaststoffreich und enthalten hochwertiges Eiweiß, das durch den gleichzeitigen Verzehr von Milch-, Ei- oder Fischeiweiß aufgewertet werden kann.

In der Vollwerternährung gehören Kartoffeln zu den empfohlenen pflanzlichen Lebensmitteln. Sie sind ausschließlich in gegarter Form genießbar, da rohe Kartoffelstärke unverdaulich ist.

37

Salatvariation »Georgia«

Foto rechts

*150 g Römischer Salat, 100 g Eichblattsalat,
2 Orangen, 1 Papaya, 100 g Alfalfasprossen ∗
Soße: 100 g Erdnußkerne ∗
150 g Joghurt, Saft von 1/2 Zitrone,
Meersalz, Pfeffer, Zitronenmelisse*

Salat putzen und waschen, Römersalat in breite Streifen schneiden, Eichblattsalat in Stücke zupfen. Orangen schälen und filetieren. Papaya schälen, Kerne entfernen und Papaya in Spalten oder Stücke schneiden. Die Sprossen abspülen ∗
Für die Soße Erdnüsse in der trockenen Pfanne rösten ∗

Joghurt mit Zitronensaft verrühren, Erdnüsse dazugeben und mit Salz und Pfeffer abschmecken. Zitronenmelisse kleinschneiden und unterheben. Salate, Früchte und Sprossen auf Tellern anrichten und mit der Salatsoße beträufeln.

Zucchinisalat »Miriam«

Foto links

300 g Zucchini ∗
2 EL Olivenöl, 4 EL trockener Weißwein,
1 Messerspitze Thymian, Meersalz, Pfeffer ∗
2 Scheiben Vollkorn-Toastbrot, 30 g Butter ∗
Je 1 rote und grüne Paprikaschote, 1 Bund Radieschen,
2 Stangen Bleichsellerie, 1/2 Chinakohl, 150 g Emmentaler,
2 Schalotten ∗
Soße: 3 EL Weinessig, 1 TL Senf, 6 EL Olivenöl,
Meersalz, Pfeffer ∗
1 EL gehackte Petersilie

Zucchini putzen, waschen und in Scheiben schneiden ∗
Öl mit Wein und Thymian in einem weiten Topf erhitzen, Zucchinischeiben einlegen, etwas salzen und pfeffern und zugedeckt 2 bis 3 Minuten dünsten. Scheiben im Sud erkalten lassen ∗
Toastbrot in Würfel schneiden. Butter erhitzen, Brotwürfel darin goldgelb rösten und abkühlen lassen ∗
Paprikaschoten halbieren, entkernen, waschen und in feine Streifen schneiden. Radieschen und Bleichsellerie putzen, waschen und in Scheiben schneiden. Chinakohl putzen, waschen und in Streifen schneiden. Käse in feine Stifte schneiden. Schalotten schälen und fein hacken ∗
Für die Soße Essig mit Senf verrühren, Öl hinzufügen und die Soße mit Salz und Pfeffer abschmecken. Soße mit den Schalotten unter die Salatzutaten mischen. Zucchinischeiben aus dem Sud heben, auf einem Teller anrichten, daneben den Salat ∗
Mit Brotwürfeln und Petersilie bestreut servieren.

Weißkohl-Möhren-Ananas-Salat

400 g Weißkohl, 400 g Möhren, 1 kleine Ananas ∗
Soße: 250 g Schlagsahne, 2 EL Salatmayonnaise,
1 TL Honig, Meersalz, Pfeffer

Weißkohl putzen und waschen, Möhren schälen und waschen und beides raspeln. Ananas schälen, den harten Strunk in der Mitte entfernen, Ananas in Stücke schneiden ∗ Aus Sahne, Mayonnaise, Honig, Salz und Pfeffer eine Soße bereiten. Salatzutaten in die Soße geben, mischen, abschmecken und Salat kühl stellen. Vor dem Servieren nochmals abschmecken.

Avocadosalat mit Käse

3 Orangen, 3 Avocados ∗
Soße: 125 g Mayonnaise, 1/2 TL Curry, 3 EL Orangensaft,
100 g Schlagsahne, Meersalz, Pfeffer, 1 TL flüssiger Honig ∗
100 g Goudakäse

Orangen schälen und filetieren. Avocados schälen, halbieren, Kerne entfernen und Avocados quer in Scheiben schneiden. Avocados mit Orangenfilets mischen ∗ Für die Soße Mayonnaise mit Curry und Orangensaft verrühren. Sahne steif schlagen und locker unterheben, mit Salz, Pfeffer und Honig abschmecken ∗ Käse in Streifen schneiden, zum Salat geben und mit Soße anrichten.

Radicchio-Birnen-Salat
mit Joghurt

1 Kopf Radicchio, 200 g Goudakäse, 2 Birnen,
2 EL Zitronensaft, 2 EL Nußöl ∗
Soße: 300 g Vollmilch-Joghurt, 3 bis 4 EL Senf,
Meersalz, Pfeffer, Ahornsirup

Salat putzen, waschen und in breite Streifen schneiden, Käse in Streifen schneiden. Birnen schälen, in Viertel schneiden und Kerngehäuse entfernen, Birnen quer in Scheiben schneiden. Radicchio mit Käse, Birnen, Zitronensaft und Öl mischen ∗

Für die Soße Joghurt mit Senf verrühren und mit Salz, Pfeffer und Ahornsirup abschmecken. Salat mit der Soße übergießen.

Carpaccio von Champignons

1 Bund Radieschen, 150 g Zucchini, Meersalz ∗
2 EL Weißweinessig, 4 EL Olivenöl ∗
250 g Champignons, Meersalz ∗
40 g Alfalfasprossen, Kerbel

Radieschen und Zucchini putzen und waschen, beides in sehr kleine Würfel schneiden und mit Salz bestreuen ∗ Essig und Öl verschlagen, Radieschen und Zucchini etwa 10 Minuten darin ziehen lassen ∗
Champignons sorgfältig abreiben, Stielenden glattschneiden und Pilze in hauchdünne Scheiben schneiden.

Pilze auf großen, flachen Tellern anrichten und mit Salz bestreuen ∗ Gemüsewürfel über die Pilze geben, restliche Marinade darüberträufeln. Mit Alfalfasprossen und Kerbel garnieren.

Beilage: Vollkorntoast und Kräuterbutter.

Rosenkohlsuppe mit Thymiansahne

2 Zwiebeln, 750 g Rosenkohl ✻
30 g Butter, 1 l Gemüse- oder Rindfleischbrühe ✻
200 g Crème fraîche, Meersalz, Pfeffer, Muskat ✻
1 TL frische Thymianblättchen, Meersalz, Pfeffer

Zwiebeln schälen und fein hacken. Rosenkohl putzen, waschen und vierteln ✻
Butter erhitzen und Zwiebeln darin 5 Minuten andünsten, Rosenkohl dazugeben und Brühe auffüllen. Suppe ankochen und 15 Minuten fortkochen. 1/3 des Rosenkohls mit der Schaumkelle herausnehmen. Restlichen Rosenkohl in der Brühe pürieren ✻
Die Hälfte der Crème fraîche unter die Suppe rühren und mit Salz, Pfeffer und Muskat abschmecken. Rosenkohlviertel wieder dazugeben ✻
Restliche Crème fraîche mit Thymianblättchen, Salz und Pfeffer verrühren. Suppe in Tassen füllen und mit jeweils einem Klecks Thymiansahne servieren.

Artischocken mit Zitronensoße

*4 Artischocken, 2 l Wasser, Meersalz *
Soße: 300 g Crème fraîche, 1 TL abgeriebene Zitronenschale,
*1 EL Zitronensaft, 2 bis 3 Eigelb **
Meersalz, Pfeffer, 1 Messerspitze Honig

Große Blattspitzen und Stengel von den Artischocken abschneiden. Artischocken waschen, im Wasser mit Salz ankochen und 20 bis 25 Minuten fortkochen *
Für die Soße Crème fraîche mit Zitronenschale und -saft verrühren, aufkochen und um die Hälfte eindicken lassen. Topf von der Kochstelle nehmen, Eigelb unterrühren und die Soße zugedeckt 10 Minuten stocken lassen *
Soße mit Salz, Pfeffer und Honig abschmecken *
Artischocken herausnehmen, abtropfen lassen, auf vorgewärmte Teller geben und mit der Soße servieren.

Steinpilze in Sahnesoße

800 g Steinpilze, 2 Zwiebeln, 40 g Butter ✳
1/8 l Gemüsebrühe, Meersalz, Pfeffer ✳
250 g Schlagsahne, 3 Eigelb ✳
2 EL feingehackte Petersilie

Steinpilze putzen und waschen. Große Pilze halbieren oder vierteln. Zwiebeln schälen und in kleine Würfel schneiden. Butter erhitzen und Zwiebeln darin 5 Minuten dünsten. Pilze dazugeben und andünsten ✳
Gemüsebrühe hinzufügen und die Pilze 10 bis 15 Minuten dünsten. Mit Salz und Pfeffer abschmecken ✳

Sahne mit Eigelb verquirlen. Topf von der Kochstelle nehmen und Eigelbsahne unter die Pilze rühren, einige Minuten erwärmen, aber nicht mehr kochen lassen ✳
Mit Petersilie bestreut servieren.

Beilage: Vollkornnudeln.

Gebackene Kohlrabi

4 Kohlrabi (etwa 800 g),
1/8 bis 1/4 l Wasser, Meersalz ∗
Muskat, Vollkornmehl, 1 Ei ∗
50 g Butter ∗
1 EL gehackte Petersilie

Kohlrabi schälen, waschen und in 1 cm dicke Scheiben schneiden. Wasser mit Salz ankochen, Kohlrabi darin etwa 10 Minuten fortkochen und abtropfen lassen ∗
Kohlrabi mit Salz und Muskat würzen, in Mehl, dann in verrührtem Ei wenden ∗

Butter erhitzen, Kohlrabi darin von beiden Seiten goldgelb braten ∗
Mit Petersilie bestreut servieren.

Beilage: Kartoffelbrei, Blattsalat.

Spargelragout
mit Frühlingszwiebeln

500 g Spargel, 2 Bund Frühlingszwiebeln (etwa 500 g),
40 g Butter *
Meersalz, Pfeffer, 20 g Vollkornmehl,
1/4 l Gemüsebrühe, 250 g Schlagsahne *
2 EL Zitronensaft, Worcestersoße *
6 hartgekochte Eier, Kerbel

Spargel waschen und schälen. Frühlingszwiebeln putzen und waschen. Beides in etwa 3 cm lange Stücke schneiden. Butter erhitzen, Spargel darin etwa 5 Minuten andünsten, Frühlingszwiebeln dazugeben und 2 bis 3 Minuten dünsten *
Gemüse mit Salz und Pfeffer würzen.

Mehl darüberstäuben, andünsten, mit Brühe und Sahne ablöschen und etwa 5 Minuten dünsten *
Ragout mit Zitronensaft und Worcestersoße abschmecken *
Eier in Viertel schneiden und auf dem Ragout anrichten. Mit Kerbel bestreut servieren.

Risotto mit Pilzen

*10 g getrocknete Morcheln,
20 g getrocknete Steinpilze, 1/2 l Wasser ∗
150 g Zwiebeln, 1 Knoblauchzehe, 3 EL Olivenöl,
1 TL gehackter Rosmarin, 250 g Langkorn-Vollreis,
Meersalz ∗
250 g Champignons, 100 g Pfifferlinge, 30 g Butter ∗
150 g Schlagsahne, 75 g geriebener Parmesankäse ∗
Petersilie*

Morcheln und Steinpilze im warmen Wasser einweichen ∗
Zwiebeln und Knoblauchzehe schälen und in feine Würfel schneiden. Öl erhitzen, Zwiebeln, Knoblauch und Rosmarin darin andünsten. Reis dazugeben und andünsten. Pilze mit Einweichwasser (ohne eventuellen Bodensatz) hinzufügen, salzen und 30 bis 35 Minuten quellen lassen ∗

Champignons und Pfifferlinge putzen, waschen und abtropfen lassen. Butter erhitzen, Pilze darin anbraten, 5 Minuten braten und unter den Risotto heben ∗
Sahne steif schlagen, mit Parmesankäse vermengen, unterheben und abschmecken ∗
Risotto mit gehackter Petersilie bestreuen.

Lyoner Auberginen

4 mittelgroße Auberginen ∗
3 EL Olivenöl, Meersalz, 2 TL Senf ∗
3 Zwiebeln, 2 Knoblauchzehen, Meersalz ∗
1 TL Rosmarin, 8 EL Vollkorn-Paniermehl, 40 g Butter

Auberginen waschen, längs halbieren, Fruchtfleisch mit einem Eßlöffel herauslösen und grob hacken ∗ Olivenöl erhitzen und die Auberginenhälften darin von allen Seiten anbraten. Auberginen herausnehmen, in eine gefettete Auflaufform setzen, salzen und mit Senf bestreichen ∗ Zwiebeln und Knoblauchzehen schälen und in feine Würfel schneiden. Zwiebeln, Knoblauch und Auberginenfruchtfleisch im Öl anbraten, salzen und in die Auberginen füllen ∗
Mit Rosmarin und Paniermehl bestreuen und Butterflöckchen daraufgeben. Form in den vorgeheizten Backofen setzen.

E: Mitte
T: 200 °C / 20 Minuten

Beilage: Vollreis mit Zitronensoße.

Vollkornnudeln
»Nagasaki«

für 6 Personen
Foto rechts

*20 g schwarze Pilze (Chinaladen) ∗
2 l Wasser, Meersalz, 400 g Vollkornnudeln ∗
1 kg Porree, 750 g Tomaten ∗
4 EL Erdnußöl, 2 TL geriebene Ingwerwurzel,
Meersalz, 2 Knoblauchzehen ∗
1/4 l Gemüsebrühe, 2 TL feingemahlenes Weizen-Vollkornmehl,
4 EL Sojasoße, 4 EL trockener Sherry,
Pfeffer, 1 Spritzer Tabasco*

Pilze in lauwarmes Wasser geben, 15 Minuten quellen und abtropfen lassen ∗
Wasser mit Salz ankochen, Nudeln hineingeben und in 8 bis 10 Minuten bißfest kochen, abtropfen lassen ∗
Porree putzen, waschen und in feine Streifen schneiden. Tomaten überbrühen, enthäuten, halbieren, entkernen und in kleine Würfel schneiden ∗
Öl erhitzen, Porree, Pilze und Ingwer mit Salz darin andünsten und unter Rühren in etwa 10 Minuten bißfest dünsten. Tomatenwürfel und durchgepreßte Knoblauchzehen hinzufügen und kurz mitdünsten. Gemüse herausnehmen ∗
Brühe erhitzen, angerührtes Mehl dazugeben, aufkochen und mit Sojasoße, Sherry, Pfeffer und Tabasco abschmecken. Gemüse und Nudeln mit der Soße vermengen, erhitzen, nochmals abschmecken und servieren.

Tomaten mit Spinatfüllung

Foto links (unten)

400 g Spinat ∗
1 Zwiebel, 40 g Butter, 3 EL Schlagsahne,
Meersalz, Muskat, 40 g gehackte Walnußkerne ∗
4 Fleischtomaten (etwa 800 g), Meersalz, Pfeffer,
50 g geriebener Käse (Parmesan- und Goudakäse), 40 g Butter

Spinat gründlich verlesen und die Blätter waschen. Tropfnaß in einen Topf geben, etwa 10 Minuten dünsten und abtropfen lassen ∗
Zwiebel schälen und in feine Würfel schneiden. Butter erhitzen, Zwiebel darin hellgelb andünsten. Spinat grob hacken, zur Zwiebel geben und erhitzen. Sahne einrühren, mit Salz und Muskat abschmecken und Walnüsse unterrühren ∗
Tomaten waschen, das obere Drittel abschneiden und die Tomaten aushöhlen. Mit Salz und Pfeffer ausstreuen und die Spinatmasse darin verteilen. Tomaten in eine gefettete Auflaufform setzen, mit Käse bestreuen und mit Butterflöckchen belegen. Form in den vorgeheizten Backofen setzen und Tomaten überbacken.

E: Mitte
T: 200 °C / 15 bis 20 Minuten
       0   /   5 Minuten

◀ *Brattomaten aus der Provence (oben)*
Rezept Seite 56

Brattomaten
aus der Provence

Foto Seite 54 (oben)

4 mittelgroße Tomaten *
30 g Schalotten, 2 Knoblauchzehen, 2 EL gehackte Petersilie,
1 EL gehacktes Basilikum, 1 TL gehackter Salbei,
einige Rosmarinnadeln, 2 EL Vollkorn-Paniermehl,
Meersalz, Pfeffer *
40 g Butter

Tomaten waschen, vom Stielansatz befreien, quer halbieren und etwas aushöhlen *
Schalotten und Knoblauchzehen schälen und in feine Würfel schneiden. Mit Kräutern und Paniermehl vermengen und mit Salz und Pfeffer würzen *
Kräutermischung auf die Tomaten geben und mit Butterflöckchen belegen. Tomaten in eine gefettete flache Auflaufform geben. Form in den vorgeheizten Backofen setzen und Tomaten goldgelb gratinieren.

E: Mitte
T: 225 °C / 12 bis 15 Minuten

Zucchini
mit dreierlei Käse

*1 kg Zucchini, Vollkornmehl, 6 EL Olivenöl ∗
1 Dose Tomaten (Abtropfgewicht etwa 800 g),
Meersalz, Pfeffer, 1 Bund Basilikum ∗
150 g Mozzarellakäse, 150 g Goudakäse ∗
75 g geriebener Parmesankäse*

Zucchini waschen, trockentupfen, schräg in fingerdicke Scheiben schneiden und in Mehl wenden. Öl erhitzen, Zucchini darin goldbraun braten, auf Küchenkrepp abtropfen lassen ∗
Tomaten mit Flüssigkeit pürieren und mit Salz, Pfeffer und feingeschnittenem Basilikum abschmecken ∗
Mozzarellakäse und Goudakäse in dünne Scheiben schneiden ∗

Zucchini schichtweise mit Käsescheiben und Tomatensoße in eine gefettete Auflaufform geben. Mit Tomatensoße bedecken und mit Parmesankäse bestreuen. Form in den kalten Backofen setzen und Auflauf goldgelb backen.

E: Mitte
T: 200 °C / 30 bis 35 Minuten
        0   /   5 Minuten

Beilage: Vollkorntoast.

Gratinierte Steckrüben

750 g Steckrübe, 1/4 l Wasser, Meersalz ∗
Soße: 2 Zwiebeln, 30 g Butter, 30 g Vollkornmehl,
1/8 l Gemüsebrühe, 150 g Schlagsahne,
100 g geriebener Goudakäse,
Meersalz, Pfeffer, Muskat ∗
2 EL gehackte Haselnußkerne ∗
Petersilie

Steckrübe schälen, waschen und in kleine, dünne Scheiben schneiden, im Wasser mit Salz ankochen, 15 bis 20 Minuten fortkochen und abtropfen lassen ∗
Für die Soße Zwiebeln schälen und in feine Würfel schneiden. Butter erhitzen, Zwiebeln und Mehl darin andünsten, mit Brühe ablöschen und aufkochen. Sahne einrühren und 4 bis 5 Minuten fortkochen. Käse in die Soße rühren und mit Salz, Pfeffer und

Muskat abschmecken ∗
Steckrübenscheiben schuppenartig in eine gefettete Gratinform geben. Soße über die Steckrüben gießen und mit Haselnüssen bestreuen. Gratin in den vorgeheizten Backofen setzen und goldgelb gratinieren.

E: Mitte
T: 225 °C / 15 bis 20 Minuten

Mit Petersilie garnieren.

Schwarzwurzelauflauf mit Käse

750 g Schwarzwurzeln, 1/4 l Wasser, Meersalz ∗
375 g Möhren, 1/8 l Wasser, Meersalz ∗
Soße: 30 g Butter, 40 g Vollkornmehl, 1/4 l Milch,
1/4 l Schwarzwurzelbrühe,
Meersalz, Pfeffer, Muskat ∗
Petersilie ∗
100 g Greyerzer Käse, 100 g Mozzarellakäse

Schwarzwurzeln in Wasser bürsten, schaben und in Wasser mit etwas Essig legen, in schräge, dicke Scheiben schneiden. Wasser mit Salz ankochen, Schwarzwurzeln darin 20 bis 25 Minuten fortkochen und abtropfen lassen, dabei die Flüssigkeit auffangen ∗

Möhren schälen, waschen und in Scheiben schneiden. Wasser mit Salz ankochen, Möhren darin 10 Minuten fortkochen und abtropfen lassen ∗

Für die Soße Butter erhitzen, Mehl darin andünsten, mit Milch und Schwarzwurzelbrühe ablöschen, aufkochen und mit Salz, Pfeffer und Muskat abschmecken ∗
Gemüse in die Soße geben, erhitzen und gehackte Petersilie unterheben ∗
Gemüse in eine gefettete Auflaufform geben, Käse grob raspeln und darüberstreuen. Auflauf unter dem vorgeheizten Grill goldgelb übergrillen.

Feine Gemüsepastete
mit Kerbelsoße

500 g Möhren, 3 kleine Zucchini, 1 Zwiebel, 1 Knoblauchzehe ∗
50 g Butter, Meersalz, Pfeffer ∗ 300 g Brokkoli, Meersalz ∗
200 g Crème fraîche, 4 Eier, Meersalz, Pfeffer, Muskat ∗
Kerbelsoße: 150 g Crème fraîche, 150 g Joghurt, 2 Eigelb,
1/4 TL abgeriebene Zitronenschale, Meersalz, Pfeffer ∗ 30 g Kerbel

Möhren schälen und waschen, Zucchini waschen und beides in 4 bis 5 cm lange Streifen schneiden. Zwiebel und Knoblauchzehe schälen und fein hacken ∗
Butter erhitzen, Zwiebel und Knoblauch darin 5 Minuten dünsten. Möhren und Zucchini nacheinander jeweils 5 Minuten in der Zwiebel-Knoblauch-Butter dünsten, mit Salz und Pfeffer bestreuen und abkühlen lassen ∗
Brokkoli putzen, waschen und in Röschen teilen, in etwas Salzwasser ankochen und 7 Minuten fortkochen, abkühlen lassen ∗
Eine Pasteten- oder Kastenform einfetten. Zuerst eine Schicht Zucchini, dann eine Schicht Möhren, dann den Brokkoli, wieder eine Schicht Möhren und zum Schluß eine Schicht Zucchini in die Form schichten ∗
Crème fraîche mit Eiern, Salz, Pfeffer und Muskat verquirlen und über das Gemüse gießen. Pastetenform mit Deckel bzw. Kastenform mit Alufolie verschließen und in die mit heißem Wasser gefüllte Fettpfanne im vorgeheizten Backofen setzen.

E: unten
T: 180°C / 80 bis 90 Minuten
    0   /   10 Minuten

Gemüsepastete vorsichtig aus der Form lösen und erkalten lassen ∗
Für die Kerbelsoße Crème fraîche mit Joghurt und Eigelb schaumig schlagen. Mit Zitronenschale, Salz und Pfeffer abschmecken ∗
Kerbel waschen, trockentupfen, Blättchen von den Stengeln zupfen, fein hacken und unter die Soße rühren ∗
Pastete in dicke Scheiben schneiden und die Kerbelsoße dazu servieren.

Die Pastete als Vorspeise oder als Hauptgericht, z.B. mit Folienkartoffeln, servieren.

Gefüllte Paprikaschoten

Foto Seite 122

Je 1 rote und grüne Paprikaschote ∗
2 hartgekochte Eier, 200 g Frischkäse, 150 g saure Sahne,
1 EL Zitronensaft, 1 EL Tomatenmark,
1 Messerspitze Senf, 1 TL Rosenpaprika, Meersalz,
Knoblauchpulver

Paprikaschoten putzen, waschen, den oberen Teil abschneiden und Kerne entfernen ∗
Eier durch ein Sieb streichen und mit Frischkäse, Sahne, Zitronensaft und Tomatenmark verrühren, mit Senf, Rosenpaprika, Salz und Knoblauchpulver abschmecken. Masse in die vorbereiteten Paprikaschoten füllen und im Kühlschrank fest werden lassen. Zum Servieren in dünne Scheiben schneiden.

Paprikagemüse im Hirsering

Foto Seite 108

250 g Hirse, 1 Zwiebel, 1 Möhre,
2 EL Öl, 1/2 l Wasser ✶
Meersalz, Pfeffer, 1 EL gehackte Petersilie ✶
1 kg rote, gelbe und grüne Paprikaschoten, 2 Zwiebeln,
2 EL Öl, knapp 1/8 l Wasser ✶
Meersalz, Pfeffer, Thymian, 2 EL Tomatenmark,
1 EL gehacktes Basilikum, 200 g Schafskäse

Hirse heiß überspülen. Zwiebel schälen und in Würfel schneiden. Möhre schälen und waschen. Öl erhitzen, Zwiebel darin andünsten, Möhre hineinreiben, Hirse und Wasser dazugeben, ankochen und 25 bis 30 Minuten quellen lassen ✶
Mit Salz und Pfeffer abschmecken und Petersilie untermengen ✶
Paprikaschoten halbieren, entkernen, waschen und in Würfel schneiden. Zwiebeln schälen und in Ringe schneiden. Öl erhitzen, Paprika und Zwiebeln darin andünsten, Wasser dazugeben und etwa 10 Minuten dünsten ✶
Mit Salz, Pfeffer und Thymian abschmecken. Tomatenmark unterrühren und Basilikum sowie in Würfel geschnittenen Schafskäse untermengen ✶
Hirsemasse in eine gefettete Reisringform drücken und auf eine Platte stürzen. Mit Paprikagemüse füllen.

Möhrenpudding mit Schnittlauchsoße

Foto Seite 136

100 g Butter, 5 Eigelb, 150 g geriebener Käse (Schweizer oder Holländer), 200 g Crème fraîche, 200 g Weizen-Vollkornmehl, 3 TL Backpulver ∗
200 g Möhren, Meersalz, 5 Eiweiß, Vollkorn-Paniermehl ∗
Soße: 1/8 l Gemüsebrühe, 1/8 l Milch, 2 bis 3 EL feingemahlenes Weizen-Vollkornmehl, 1 Eigelb, Meersalz, Pfeffer, Muskat, 1 Bund Schnittlauch

Butter schaumig rühren, Eigelb und Käse nach und nach hinzufügen. Crème fraîche und das mit Backpulver gemischte Mehl unterrühren ∗ Möhren putzen, waschen, fein reiben und dazugeben. Mit Salz abschmecken. Eiweiß steif schlagen und locker unterheben. Masse in eine gefettete und mit Paniermehl ausgestreute Puddingform füllen und im Wasserbad 60 Minuten garen ∗

Für die Soße Brühe und Milch aufkochen, angerührtes Mehl hinzufügen und aufkochen. Soße mit Eigelb legieren und schaumig aufschlagen. Mit Salz, Pfeffer und Muskat abschmecken. Schnittlauch in Röllchen schneiden und unterrühren ∗ Puddingform herausnehmen und etwa 5 Minuten stehen lassen. Pudding auf eine Platte stürzen und mit Schnittlauchsoße servieren.

Altdeutsche Kartoffelsuppe

3 Möhren, 700 g Kartoffeln,
100 g Sellerieknolle, 1 Stange Porree ∗
20 g Butter, 1 1/2 l Gemüsebrühe, 1 Zwiebel,
1 Nelke, 1 Lorbeerblatt ∗
300 g Crème fraîche, Meersalz, Pfeffer, Muskat, Majoran ∗
200 g Pfifferlinge, 20 g Butter ∗
2 EL feingehackter Kerbel

Möhren, Kartoffeln und Sellerieknolle schälen, waschen und in Würfel schneiden. Porree putzen, waschen und in feine Ringe schneiden ∗ Butter erhitzen, Kartoffeln und Gemüse darin andünsten. Brühe angießen. Zwiebel schälen, mit Nelke und Lorbeerblatt spicken und zur Suppe geben, ankochen und 15 Minuten fortkochen ∗ Zwiebel, Nelke und Lorbeerblatt entfernen. Zwei Schöpflöffel Kartoffelsuppe entnehmen, pürieren und wieder zur Suppe geben. Crème fraîche unterrühren, mit Salz, Pfeffer, Muskat und Majoran abschmecken ∗ Pfifferlinge putzen und waschen. Butter erhitzen, Pfifferlinge darin 15 Minuten dünsten und in die Suppe geben ∗ Suppe mit Kerbel bestreut servieren.

Gefüllte
Folienkartoffeln

4 große mehlige Kartoffeln ∗
150 g Crème fraîche, Meersalz, Pfeffer, Muskat,
1/2 TL Thymian, 100 g geriebener Emmentaler

Kartoffeln gründlich waschen, in Alufolie einwickeln und auf den Backofenrost im kalten Backofen legen.

E: Mitte
T: 225 °C / 60 bis 70 Minuten
　 0　 /　　　 5 Minuten

Folie öffnen, einen Deckel von jeder Kartoffel abschneiden und das Innere aushöhlen. Kartoffelinneres mit Crème fraîche, Salz, Pfeffer, Muskat und Thymian verrühren, abschmecken und Käse unterrühren. Masse in die Kartoffeln füllen, wieder auf den Rost legen und überbacken.

E: Mitte
T: 225 °C / 12 bis 15 Minuten

Beilage: Frischkost.

Kartoffel-Mozzarellapfanne

750 g Kartoffeln, 3 EL Öl,
Meersalz, Pfeffer ∗
4 Tomaten, 150 g Mozzarellakäse, 125 g Schlagsahne ∗
1 Bund Basilikum

Kartoffeln schälen, waschen und in dünne Scheiben schneiden. Öl erhitzen, Kartoffeln, Salz und Pfeffer dazugeben und in der geschlossenen Pfanne unter gelegentlichem Wenden etwa 10 Minuten schmoren ∗ Tomaten überbrühen, enthäuten und in Scheiben schneiden, Käse in Scheiben schneiden. Tomaten und

Käse auf die Kartoffeln legen, Sahne darübergießen und in der geschlossenen Pfanne 10 bis 15 Minuten schmoren ∗
Mit gehacktem Basilikum bestreut servieren.

Beilage: Endiviensalat.

Pizza ▶
Rezept Seite 36

Gemüse-
Kartoffelpfanne

250 g Kartoffeln, 40 g Butter ∗
1 Knoblauchzehe, 1 rote Paprikaschote,
2 Bund Frühlingszwiebeln, 250 g Champignons ∗
Meersalz, Pfeffer, Paprika, Petersilie

Kartoffeln schälen, waschen und längs in Viertel oder Achtel schneiden. Butter erhitzen, Kartoffeln darin rundherum etwa 10 Minuten braten ∗ Knoblauchzehe schälen und in feine Würfel schneiden. Paprikaschote halbieren, entkernen, waschen und in Streifen schneiden. Frühlingszwiebeln putzen, waschen und schräg in Scheiben schneiden. Champignons putzen, waschen und halbieren. Knoblauch und Paprika zu den Kartoffeln geben und etwa 3 Minuten mitbraten. Frühlingszwiebeln und Champignons hinzufügen und weitere 5 Minuten dünsten ∗ Mit Salz, Pfeffer und Paprika abschmecken. Mit gehackter Petersilie bestreut anrichten.

◀ *Hirse-Gemüseauflauf*
Rezept Seite 21

Kartoffeln Brabanter Art

1 kg Pellkartoffeln ∗
3 bis 4 Zwiebeln, 3 EL Öl ∗
Kräutersalz, Pfeffer, 2 EL gehackte Petersilie,
1 TL Thymian, 200 g geriebener Goudakäse

Kartoffeln pellen und in Scheiben schneiden ∗
Zwiebeln schälen und in Ringe schneiden. Öl erhitzen, Zwiebeln darin goldgelb dünsten ∗
In eine gefettete Auflaufform abwechselnd Kartoffelscheiben, Salz, Pfeffer, Kräuter und Käse geben. Zwiebeln lagenweise dazwischenschichten. Die oberste Schicht mit Käse bestreuen. Form in den kalten Backofen setzen und Kartoffeln goldgelb backen.

E: unten
T: 200 °C / 30 bis 35 Minuten
     0   /   5 Minuten

Kartoffel-Nuß-Plätzchen

1 Zwiebel, 500 g Kartoffeln, 75 g gehobelte Haselnußkerne,
1 Ei, Meersalz, Pfeffer, Muskat ∗
Öl

Zwiebel schälen und in feine Würfel schneiden. Kartoffeln schälen, waschen und grob raspeln. Zwiebel, Kartoffeln, Nüsse und Ei miteinander vermengen und mit Salz, Pfeffer und Muskat abschmecken ∗ Öl portionsweise erhitzen, Kartoffelteig zu Plätzchen formen und darin von jeder Seite 2 bis 3 Minuten braten.
Kartoffel-Nuß-Plätzchen mit Gemüse servieren.

70

Käsekartoffeln
mit Eichblattsalat

8 festkochende neue Pellkartoffeln,
100 g Munsterkäse, 20 g Butter *
375 g Fleischtomaten, 50 g Frühlingszwiebeln,
3 Schalotten, 1 Kopf Eichblattsalat *
Vinaigrette: 2 bis 3 EL Weißweinessig,
schwarzer Pfeffer, Meersalz, 60 ml Walnußöl

Ungepellte Kartoffeln längs halbieren, die untere Hälfte etwas aushöhlen. Käse in kleine Würfel schneiden, in die ausgehöhlten Kartoffeln geben, obere Hälften daraufsetzen. Kartoffeln in eine gefettete Auflaufform geben und mit geschmolzener Butter bestreichen. Geschlossene Form in den kalten Backofen setzen.

E: Mitte
T: 225°C / 25 bis 30 Minuten

Tomaten überbrühen, enthäuten, in Viertel schneiden, entkernen und Tomaten in kleine Stücke schneiden. Frühlingszwiebeln putzen, waschen, in Röllchen schneiden, Schalotten schälen und in feine Würfel schneiden. Eichblattsalat waschen und in Stücke zupfen *
Essig mit Pfeffer und Salz verrühren, nach und nach Öl unterrühren *
Eichblattsalat mit der Hälfte der Vinaigrette mischen und auf Tellern anrichten. Die andere Hälfte der Vinaigrette mit Tomaten und Zwiebeln mischen und auf dem Salat anrichten. Die heißen Käsekartoffeln mit dem Salat servieren.

Kernige Kartoffelklöße mit Schnittlauchsoße

750 g Pellkartoffeln *
150 g Sonnenblumenkerne *
100 g Vollkornmehl, 3 Eier,
Meersalz, Pfeffer, 1 Bund Schnittlauch *
1 l Wasser, Meersalz *
Soße: 40 g Butter, 40 g Vollkornmehl,
knapp 1/2 l Gemüsebrühe, 125 g Schlagsahne,
1 EL Senf, Meersalz, Pfeffer, 1 Bund Schnittlauch

Kartoffeln pellen, durch die Kartoffel-presse geben oder reiben und abkühlen lassen *
Sonnenblumenkerne in der trockenen Pfanne hellbraun rösten und abkühlen lassen. Die Hälfte davon fein mahlen *
Kartoffeln mit den gemahlenen Sonnenblumenkernen, Mehl und Eiern verrühren und mit Salz und Pfeffer abschmecken. Schnittlauch in Röll-chen schneiden und mit den restli-chen Sonnenblumenkernen unter-mengen *

Wasser mit Salz ankochen. Mit zwei nassen Eßlöffeln etwa 16 Klöße aus dem Teig formen, ins Salzwasser geben und Klöße etwa 15 Minuten garziehen lassen *
Für die Soße Butter erhitzen, Mehl darin andünsten, mit Brühe auffüllen und aufkochen. Sahne hinzufügen und mit Senf, Salz und Pfeffer abschmecken. Schnittlauch in Röll-chen schneiden und unterheben *
Kartoffelklöße abtropfen lassen und mit der Schnittlauchsoße anrichten.

Hülsenfrüchte und Tofu

Die wichtigsten Hülsenfrüchte sind Erbsen, Bohnen, Linsen und Sojabohnen. Sie enthalten biologisch hochwertiges Eiweiß, das durch den gleichzeitigen Verzehr von Milch- und Getreideeiweiß noch aufgewertet werden kann. Ihr Ballaststoffanteil ist hoch. Hülsenfrüchte sind reich an Vitamin A, B_1, B_2, Folsäure, B_6 und E sowie den Mineralstoffen Calcium, Phosphor und Eisen. Nennenswert ist auch ihr Gehalt an Mangan, Zink und Jod. Erbsen, Bohnen und Linsen sind reich an Kohlenhydraten, Sojabohnen sind zusätzlich besonders fettreich.

In der Vollwerternährung gehören Hülsenfrüchte zu den empfohlenen pflanzlichen Lebensmitteln. Sie werden vor allem in gegarter Form, aber auch als Keimlinge gegessen.

Tofu oder Sojaquark wird aus Sojamilch unter Zugabe von Calciumsulfat gewonnen. Tofu wird roh oder erhitzt (als Fleischersatz) verzehrt.

Scharfe Bohnensuppe

1 Dose rote Bohnen (Abtropfgewicht etwa 265 g) ∗
1 Dose geschälte Tomaten (Abtropfgewicht etwa 250 g),
1 TL Chilipulver, 1/4 l herber Weißwein,
100 g Schlagsahne, Meersalz ∗
4 Scheiben Weizenvollkorntoastbrot, 40 g Butterschmalz

Bohnen abtropfen lassen ∗
Tomaten mit Flüssigkeit pürieren, Chilipulver, Weißwein und Sahne unterrühren, Bohnen dazugeben und Suppe erhitzen.
Mit Salz abschmecken ∗

Toastbrot in Würfel schneiden, Butterschmalz erhitzen und die Brotwürfel goldbraun darin rösten. Zur Suppe servieren.

Erbsensuppe mit Krabben

250 g geschälte grüne Erbsen, 1 l Gemüsebrühe ∗
2 Stangen Porree ∗
125 g Schlagsahne, Meersalz, Pfeffer ∗
100 g Krabben, 2 EL feingehackte glatte Petersilie

Erbsen in der Gemüsebrühe ankochen ∗
Porree putzen, waschen, in feine Ringe schneiden, zu den Erbsen geben und 60 Minuten fortkochen ∗

Suppe pürieren, Sahne unterrühren und mit Salz und Pfeffer abschmecken ∗
Krabben in die Suppe geben und mit Petersilie bestreut servieren.

Kichererbsensuppe

250 g Kichererbsen ∗
2 l Gemüsebrühe ∗
20 g getrocknete Steinpilze, 1 Stange Porree,
200 g Möhren, 200 g Sellerieknolle, 40 g Butter ∗
Meersalz, Pfeffer ∗
1 Bund Brunnenkresse

Kichererbsen mit Wasser bedeckt 12 Stunden einweichen ∗ Gemüsebrühe ankochen, Kichererbsen hineingeben und 2 bis 2 1/2 Stunden fortkochen ∗ Steinpilze waschen und in heißem Wasser einweichen. Porree putzen, waschen und in feine Ringe schneiden. Möhren und Sellerieknolle schälen, waschen und in kleine Würfel schneiden. Steinpilze abtropfen lassen und ebenfalls in kleine Würfel schneiden. Butter erhitzen, Gemüse und Pilze darin 8 Minuten dünsten ∗ Die Hälfte der gegarten Kichererbsen pürieren, mit Gemüse und Pilzen wieder zur Suppe geben. Mit Salz und Pfeffer abschmecken ∗ Brunnenkresse waschen, Blättchen von den Stengeln zupfen und die Suppe damit bestreut servieren.

Bunter Bohnensalat

200 g rote Bohnen aus der Dose, 200 g weiße Bohnen aus der Dose, 200 g dicke Bohnen aus der Dose ∗
2 rote Paprikaschoten ∗
Marinade: 4 EL Kräuteressig, Meersalz, Pfeffer,
6 EL Sonnenblumenöl, 2 EL Schnittlauchröllchen

Bohnen abtropfen lassen ∗ Paprikaschoten halbieren, entkernen, waschen und in feine Würfel schneiden ∗ Aus Essig, Salz, Pfeffer, Öl und Schnitt-lauchröllchen eine Marinade bereiten. Bohnen und Paprika hineingeben und durchziehen lassen. Vor dem Servieren nochmals abschmecken.

Spanischer Eintopf

125 g weiße Bohnen ∗
Meersalz, 1 TL Kümmel ∗
1 Stange Porree, 600 g Weißkohl, 400 g Möhren,
750 g Kartoffeln, 40 g Olivenöl ∗
1/4 l Gemüsebrühe, Meersalz, Pfeffer

Bohnen mit Wasser bedeckt 12 Stunden einweichen ∗ Bohnen im Einweichwasser mit Salz und Kümmel ankochen und 50 bis 60 Minuten fortkochen ∗ Porree putzen, waschen und in Ringe schneiden. Weißkohl putzen, waschen und in Streifen schneiden. Möhren und Kartoffeln schälen, waschen und in Würfel schneiden. Öl erhitzen, Gemüse und Kartoffeln darin andünsten ∗ Gemüsebrühe, Salz und Pfeffer dazugeben und 20 Minuten dünsten ∗ Bohnen unterrühren und abschmecken.

Linsen-Chinakohleintopf

*200 g geschälte Linsen *
500 g Chinakohl, 500 g rote Paprikaschoten,
2 Zwiebeln *
2 EL Olivenöl *
4 TL Curry, 1 TL Basilikum, Meersalz,
250 g Schlagsahne, 1 bis 2 EL Zitronensaft*

Linsen mit Wasser bedeckt 12 Stunden einweichen *
Chinakohl putzen, waschen und in Streifen schneiden. Paprikaschoten putzen, entkernen, waschen und in feine Streifen schneiden. Zwiebeln schälen und in kleine Würfel schneiden *

Öl erhitzen und Zwiebeln darin andünsten. Chinakohl und Paprika dazugeben, ebenfalls andünsten. Eingeweichte Linsen hinzufügen und 20 bis 25 Minuten dünsten *
Curry, Basilikum, Salz, Sahne und Zitronensaft unterrühren und abschmecken.

Französischer Linseneintopf

250 g geschälte Linsen ∗
2 Zwiebeln, 1 Knoblauchzehe, 2 Stangen Porree,
2 Möhren, 600 g Kartoffeln ∗
40 g Butter ∗
3/4 l Gemüse- oder Rindfleischbrühe,
3/8 l trockener Rotwein, 1 TL Thymianblättchen,
Meersalz, Pfeffer

Linsen mit Wasser bedeckt 12 Stunden einweichen ∗
Zwiebeln und Knoblauchzehe schälen und in feine Würfel schneiden. Porree putzen, waschen und in feine Ringe schneiden. Möhren und Kartoffeln schälen, waschen und in Würfel schneiden ∗
Butter erhitzen, Zwiebeln und Knoblauch darin andünsten. Gemüse, eingeweichte Linsen und Kartoffeln dazugeben und ebenfalls andünsten ∗ Brühe und Rotwein angießen, Thymian, Salz und Pfeffer dazugeben, ankochen und 25 bis 30 Minuten fortkochen. Vor dem Servieren abschmecken.

Überbackene Bohnen

800 g dicke Bohnen, 300 g Möhren, 1 Stange Porree,
1 Petersilienwurzel, Salzwasser *
300 g Joghurt, Meersalz, Pfeffer, 2 EL gehackte Petersilie *
100 g geriebener Emmentaler

Bohnen aus den Schoten palen. Möhren schälen, waschen und in Scheiben schneiden. Porree putzen, waschen und in Ringe schneiden. Petersilienwurzel waschen, abschaben und in kleine Würfel schneiden. Gemüse in Salzwasser 3 bis 4 Minuten blanchieren, abtropfen lassen und in eine gefettete Auflaufform geben *

Joghurt mit Salz, Pfeffer und Petersilie verrühren und über das Gemüse geben *
Mit Käse bestreuen und Form in den vorgeheizten Backofen setzen.

E: unten
T: 200 °C / 40 bis 45 Minuten
        0   /   5 Minuten

Schmandbohnen

1 kg dicke Bohnen *
20 g Butter, 1 TL Bohnenkraut, Meersalz, Pfeffer, 1/8 l Wasser *
300 g Schmand *
1 EL feingehackte Petersilie

Bohnen aus den Schoten palen *
Butter erhitzen, Bohnen darin andünsten, Bohnenkraut, Salz und Pfeffer dazugeben, Wasser angießen und

Bohnen 20 Minuten dünsten *
Schmand dazugeben und weitere 5 Minuten dünsten *
Mit Petersilie bestreut servieren.

Burgunder Bohnen

300 g rote Bohnen ∗
300 g Möhren, 2 Zwiebeln, 40 g Butter,
1/8 l trockener Rotwein, Meersalz, Paprika edelsüß ∗
1 EL Weizenvollkornmehl, 1 EL Butter ∗
1 TL Thymianblättchen

Bohnen mit Wasser bedeckt 12 Stunden einweichen ∗ Bohnen im Einweichwasser ankochen und 90 Minuten fortkochen. Bohnen abtropfen lassen ∗ Möhren schälen, waschen und in Scheiben, Zwiebeln schälen und in kleine Würfel schneiden. Butter erhitzen und Zwiebeln darin 5 Minuten andünsten. Bohnen und Möhren dazugeben und ebenfalls andünsten. Rotwein angießen, Salz und Paprika hinzufügen, Gemüse ankochen und 15 Minuten fortkochen ∗ Mehl mit Butter verkneten, unter das Gemüse rühren und weitere 10 Minuten fortkochen ∗ Burgunder Bohnen mit Thymian bestreut servieren.

Bohnen-Bleichsellerie-Gemüse

150 g rote Bohnen, 150 g weiße Bohnen, 1 1/4 l Wasser ∗
1 Gemüsebrühwürfel ∗
1 Zwiebel, 500 g Bleichsellerie,
2 Tomaten, 2 EL Olivenöl ∗
2 TL Oregano, Meersalz, Pfeffer, 2 EL Zitronensaft

Bohnen im Wasser 12 Stunden einweichen ∗
Bohnen im Einweichwasser mit Brühwürfel aufkochen, 60 Minuten fortkochen und abtropfen lassen ∗
Zwiebel schälen und fein hacken. Bleichsellerie putzen, waschen und in kleine Stücke schneiden. Tomaten überbrühen, enthäuten, halbieren, entkernen und in Würfel schneiden.
Öl erhitzen, Zwiebel und Sellerie darin andünsten, etwas Wasser dazugeben und 15 Minuten dünsten.
Bohnen und Tomaten hinzufügen und erwärmen ∗
Mit Oregano, Salz, Pfeffer und Zitronensaft abschmecken.

81

Erbspüree

500 g geschälte gelbe oder grüne Erbsen ∗
1 1/4 l Gemüsebrühe, 1 TL gehackter Majoran,
Meersalz, Pfeffer ∗
4 Zwiebeln, 40 g Butterschmalz

Erbsen mit Wasser bedeckt 12 Stunden einweichen ∗
Erbsen mit Gemüsebrühe auffüllen, Majoran, Salz und Pfeffer hinzufügen, ankochen und etwa 120 Minuten fortkochen, eventuell zwischendurch Wasser nachgießen. Erbsen pürieren ∗
Zwiebeln schälen und in feine Ringe schneiden. Butterschmalz erhitzen, Zwiebeln darin goldbraun braten und über das Erbspüree geben.

Currylinsen

250 g geschälte Linsen ∗
150 g Zwiebeln, 2 Knoblauchzehen, 40 g Butterschmalz ∗
2 TL Curry, 1/2 l Gemüsebrühe ∗
2 EL gerösteter Sesam

Linsen mit Wasser bedeckt 12 Stunden einweichen ∗
Zwiebeln und Knoblauchzehen schälen und in feine Würfel schneiden. Butterschmalz erhitzen, Zwiebeln und Knoblauch darin dünsten ∗
Eingeweichte Linsen und Curry dazugeben, mit Gemüsebrühe auffüllen, ankochen und 40 Minuten fortkochen ∗
Eventuell nochmals mit Curry abschmecken und mit Sesam bestreut servieren.

Hirsesuppe mit Tofu

150 g Tofu, 2 EL Sojasoße ∗
100 g Hirse, 1 Zwiebel, 1 Knoblauchzehe,
2 bis 3 EL Sonnenblumenöl, 1 l Gemüsebrühe ∗
150 g Bleichsellerie, 250 g Tomaten ∗
Meersalz, Pfeffer, 1 Bund Petersilie

Tofu abtropfen lassen, in kleine Würfel schneiden, mit Sojasoße mischen und zugedeckt etwa 60 Minuten durchziehen lassen ∗
Hirse unter fließendem Wasser abspülen und abtropfen lassen. Zwiebel und Knoblauchzehe schälen und fein hacken. Öl erhitzen, Zwiebel und Knoblauch darin glasig andünsten. Hirse dazugeben und unter Rühren andünsten. Gemüsebrühe auffüllen, aufkochen und Hirse 20 bis 25 Minuten quellen lassen ∗

Sellerie putzen, waschen und in dünne Streifen schneiden. Tomaten überbrühen, enthäuten und in kleine Würfel schneiden. Sellerie zur Suppe geben und 5 bis 6 Minuten fortkochen. Tomaten dazugeben und erhitzen ∗
Die marinierten Tofuwürfel zur Suppe geben und erwärmen ∗
Suppe mit Salz und Pfeffer abschmecken und mit gehackter Petersilie bestreuen.

Grünkerneintopf mit Tofu

200 g Tofu, 2 bis 3 EL Sojasoße ∗
125 g Grünkern, 1 l Gemüsebrühe ∗
400 g Bleichsellerie, 2 Möhren,
einige Blättchen Estragon ∗
Meersalz, Pfeffer, 1 Bund Schnittlauch

Tofu abtropfen lassen, in kleine Würfel schneiden, mit Sojasoße mischen und zugedeckt durchziehen lassen ∗
Grünkern mit Brühe ankochen und etwa 60 Minuten quellen lassen ∗
Sellerie putzen, waschen und in feine Scheiben schneiden. Möhren schälen, waschen und in Scheiben schneiden. Estragon waschen und in Streifen schneiden ∗

Die marinierten Tofuwürfel, Sellerie, Möhren und Estragon zum Grünkern geben und 5 bis 6 Minuten fortkochen ∗
Eintopf mit Salz und Pfeffer abschmecken und mit Schnittlauchröllchen bestreut servieren.

Tofuragout mit Vollkornspaghetti

*200 g Tofu, 1 Pfefferschote, 1 rote Paprikaschote,
1 Knoblauchzehe, 2 Zwiebeln, 2 bis 3 EL Sonnenblumenöl,
200 g TK-Erbsen, 100 ml Gemüsebrühe, 250 g Schlagsahne ∗
Meersalz, 1 bis 2 TL Zitronensaft, Muskat ∗
1 l Wasser, Meersalz, 1 TL Öl, 250 g Vollkornspaghetti ∗
Petersilie*

Tofu abtropfen lassen und in kleine Würfel schneiden. Pfefferschote waschen und halbieren. Paprikaschote halbieren, entkernen, waschen und in Würfel schneiden. Knoblauchzehe und Zwiebeln schälen und fein hacken. Öl erhitzen, Knoblauch und Zwiebeln darin glasig andünsten. Pfefferschote, Paprika und Tofu dazugeben und anbraten. Erbsen, Brühe und Sahne hinzufügen und etwa 10 Minuten fortkochen ∗

Ragout mit Salz, Zitronensaft und Muskat abschmecken. Pfefferschoten entfernen ∗
Wasser mit Salz und Öl ankochen, Spaghetti hineingeben, umrühren und 8 bis 10 Minuten quellen lassen ∗
Spaghetti abgießen, abtropfen lassen, auf Teller verteilen und mit Tofuragout bedecken. Mit gehackter Petersilie bestreuen.

Beilage: Frischkost.

Sauerkraut mit Tofu

500 g Pellkartoffeln, 200 g Tofu, 60 g Emmentaler,
1 Apfel, 1 Birne, 500 g Sauerkraut ✳
1/2 l Milch, 4 Eier, Meersalz, Pfeffer ✳
1 Bund Schnittlauch

Kartoffeln pellen und in Scheiben schneiden. Tofu abtropfen lassen, Tofu und Käse in Würfel schneiden. Apfel und Birne schälen, Kerngehäuse entfernen und Obst in kleine Würfel schneiden. Sauerkraut, Kartoffeln, Tofu, Käse und Obst lagenweise in eine gefettete Auflaufform geben, mit Sauerkraut und einem Kranz von Kartoffelscheiben abdecken ✳
Milch mit Eiern verquirlen, mit Salz und Pfeffer abschmecken und über den Auflauf gießen. Form in den kalten Backofen setzen und Auflauf goldbraun überbacken.

E: unten
T: 200 °C / 45 bis 50 Minuten
     0   / 5 bis 10 Minuten

Mit Schnittlauchröllchen bestreuen.

Rote Beete mit Tofuklößchen

750 g rote Beete, 2 bis 3 EL Sonnenblumenöl,
1/4 l Gemüsebrühe, 2 EL saure Sahne,
Meersalz, Pfeffer ∗
Klößchen: 200 g Tofu, 1 Eigelb, 1/2 Bund Dill,
1 bis 2 EL geriebener Meerrettich, 1 bis 2 EL Vollkornmehl,
Meersalz, 1 Prise gemahlener Kümmel ∗
1/4 bis 1/2 l Gemüsebrühe ∗
Soße: 4 EL saure Sahne, 1 Bund Schnittlauch,
Zitronensaft, Meersalz

Rote Beete schälen, waschen und in Scheiben schneiden. Öl erhitzen, rote Beete darin unter Rühren andünsten. Brühe angießen und 15 bis 20 Minuten fortkochen. Sahne hinzufügen, mit Salz und Pfeffer abschmecken und warm stellen ∗
Für die Klößchen Tofu abtropfen lassen und sehr fein zerdrücken. Mit Eigelb, gehacktem Dill, Meerrettich und Mehl vermengen und zu einer gebundenen Masse verkneten. Teig mit Salz und Kümmel abschmecken und walnuß-große Bällchen daraus formen ∗
Brühe ankochen, Klößchen hineingeben und etwa 10 Minuten garziehen lassen ∗
Für die Soße Sahne verrühren, Schnittlauch in Röllchen schneiden, mit der Sahne vermengen und mit Zitronensaft und Salz abschmecken ∗
Rote Beete mit Tofuklößchen auf Tellern anrichten. Schnittlauchsoße getrennt dazu reichen.

Beilage: Pellkartoffeln.

Gemüse-Tofuplinsen

*1 Kohlrabi (etwa 250 g), 200 g Möhren, 200 g Porree,
1 bis 2 Knoblauchzehen, 1 Bund Thymian,
einige Blättchen Estragon und Zitronenmelisse,
250 g Tofu, 1 Ei, 4 EL Vollkorn-Paniermehl,
Meersalz, Pfeffer, Muskat *
2 bis 3 EL Sonnenblumenöl*

Kohlrabi und Möhren schälen, waschen und fein raspeln. Porree putzen, waschen und fein hacken. Knoblauchzehen schälen und auspressen. Kräuter fein hacken. Tofu abtropfen lassen und fein zerdrücken. Tofu mit Gemüse, Knoblauch, Kräutern, Ei und Paniermehl vermengen und zu einem geschmeidigen Teig verkneten. Sollte der Teig zu weich sein, noch etwas Paniermehl unterkneten. Teig mit Salz, Pfeffer und Muskat kräftig abschmecken und daraus etwa 12 gleich große Plinsen formen *
Öl erhitzen, Plinsen darin von beiden Seiten je 5 bis 6 Minuten braten.

Beilage: Blattsalat, Vollkorn-Stangenbrot.

Tofu-Kartoffelpfanne

500 g Kartoffeln, 2 Zwiebeln, 1 Knoblauchzehe ∗
400 g Brokkoli, 1/8 l Wasser, Meersalz ∗
30 g Butterschmalz ∗
30 g Sonnenblumenkerne, 250 g geräucherte Tofuwürfel,
200 g Schlagsahne, Meersalz, Pfeffer

Kartoffeln schälen, waschen und in feine Scheiben schneiden. Zwiebeln und Knoblauchzehe schälen und in feine Würfel schneiden ∗
Brokkoli putzen, waschen, in Röschen teilen und 4 Minuten im Wasser mit Salz dünsten ∗
Butterschmalz erhitzen, Kartoffeln kräftig darin anbraten, Zwiebeln und Knoblauch dazugeben und 10 Minuten mitbraten ∗
Brokkoli, Sonnenblumenkerne und Tofuwürfel hinzufügen, Sahne angießen und 10 Minuten schmoren. Mit Salz und Pfeffer abschmecken.

89

Spitzkohl-Tofu-Auflauf

800 g Spitzkohl, Salzwasser *
2 Schalotten, 100 g Sellerieknolle, 4 EL Sonnenblumenöl *
400 g Tomaten, 250 g Tofu *
100 g Crème fraîche, 2 Eier, 2 EL Sojasoße,
Meersalz, Pfeffer *
2 EL Sonnenblumenkerne

Spitzkohl putzen, waschen und in Streifen schneiden, im Salzwasser blanchieren, abtropfen lassen und in eine gefettete Auflaufform füllen * Schalotten schälen, Sellerieknolle schälen und waschen, beides in feine Würfel schneiden. Öl erhitzen, Schalotten und Sellerie darin 8 Minuten dünsten, auf den Spitzkohl geben * Tomaten waschen, in Scheiben schneiden und auf den Spitzkohl legen. Tofu abtropfen lassen, in kleine Würfel schneiden und über die Tomaten streuen *

Crème fraîche mit Eiern, Sojasoße, Salz und Pfeffer verquirlen und über den Auflauf gießen *
Mit Sonnenblumenkernen bestreuen und Form in den vorgeheizten Backofen setzen.

E: unten
T: 200 °C / 35 bis 40 Minuten
    0   /   5 Minuten

Beilage: Pellkartoffeln.

Tofucreme mit Beerenkranz

500 g Beeren (Johannisbeeren, Himbeeren, Brombeeren, Erdbeeren),
flüssiger Honig oder Ahornsirup,
1 EL gehackte Walnußkerne, 1 EL Himbeergeist ∗
200 g Tofu, 200 g Schlagsahne, 2 EL flüssiger Honig,
abgeriebene Schale von 1 Zitrone, 1/2 TL Zimt

Beeren waschen, abtropfen lassen, entstielen und mischen. Mit Honig oder Ahornsirup süßen, Walnüsse und Himbeergeist untermischen ∗ Tofu abtropfen lassen, in Stücke schneiden, mit Sahne und Honig fein pürieren, mit Zitronenschale und Zimt abschmecken. Tofu auf einer flachen Schale anrichten und mit Beeren kranzartig umlegen.

Aprikosen-Tofumousse

150 g getrocknete Aprikosen, 400 ml Wasser ∗
350 g Tofu, 2 bis 3 EL Joghurt, 100 bis 200 ml ungesüßter Apfelsaft,
3 bis 4 EL Ahornsirup, herausgeschabtes Mark von 1 Vanilleschote ∗
Gehackte Pistazien

Aprikosen im Wasser 4 bis 5 Stunden einweichen, danach pürieren ∗ Tofu abtropfen lassen, mit Joghurt und Apfelsaft cremig rühren und mit Ahornsirup und Vanillemark abschmecken ∗ Tofucreme und Aprikosenpüree lagenweise in Gläser füllen, die letzte Schicht sollte Tofucreme sein ∗ Mit Pistazien garnieren.

Hirse mit Schmorgemüse und Tofu

Foto Seite rechts

200 g Hirse, 400 g Gemüsebrühe ∗
150 g TK-Erbsen ∗
1 Gemüsezwiebel (etwa 300 g), 400 g Zucchini,
150 g Tomaten, 3 EL Öl, Kräutersalz, Pfeffer ∗
200 g Tofu, 1 Bund Petersilie

Hirse heiß überspülen. Brühe ankochen, Hirse darin 20 bis 25 Minuten quellen lassen ∗
Erbsen hinzufügen und weitere 5 Minuten quellen lassen ∗
Zwiebel schälen, Zucchini waschen und beides in Scheiben schneiden. Tomaten überbrühen, enthäuten und in Achtel schneiden. Öl erhitzen, Gemüse darin anbraten, 25 bis 30 Minuten schmoren und mit Salz und Pfeffer abschmecken ∗
Tofu abtropfen lassen und in feine Streifen schneiden, Petersilie hacken. Hirse in gefettete Tassen füllen und auf eine Platte stürzen. Das Gemüse rundum anrichten, Tofustreifen und Petersilie darüberstreuen.

Obst

*O*bst enthält Kohlenhydrate in Form von Stärke und Fruchtzucker. Es beinhaltet vor allem die Vitamine A, B_1, B_2 und C und die Mineralstoffe Calcium, Phosphor, Eisen, Magnesium und Kalium. Obst ist wichtig für die Versorgung mit Ballaststoffen. Die in Obst enthaltenen Geschmacks-, Geruchs- und Aromastoffe wirken anregend auf verschiedene Funktionen des Verdauungssystems.
In der Vollwerternährung gehört Obst zu den empfohlenen pflanzlichen Lebensmitteln und sollte vor allem in roher Form verzehrt werden.

◀ *Kiwi-Eisbergsalat*
Rezept Seite 97

Exotischer Fruchtsalat

4 frische Feigen, 4 Tamarillos (Baumtomaten), 2 Kiwis,
1 Kakifrucht, 1 bis 2 Scheiben Ananas, 1 Papaya ∗
Marinade: Saft von 1 Orange, Saft von 1 Limette,
3 EL Akazienhonig, 1 Gläschen Arrak ∗
200 g Schlagsahne, 1 EL gehackte Pistazien

Früchte schälen und in Würfel oder Scheiben schneiden ∗
Für die Marinade Orangen- und Limettensaft mit Honig verrühren und mit Arrak vermengen ∗

Früchte in die Marinade geben und etwa 60 Minuten durchziehen lassen ∗
Fruchtsalat mit geschlagener Sahne anrichten und mit Pistazien bestreuen.

Tropischer Salat

3 Äpfel (Boskop), 4 frische Ananasscheiben,
200 g Goudakäse ∗
125 g Schlagsahne, 1 TL scharfer Senf,
2 EL Ananassaft, 1 EL Zitronensaft ∗
Salatblätter

Äpfel schälen, kurz in Salzwasser tauchen, damit sie nicht braun werden. Äpfel, Ananas und Käse in feine Streifen schneiden ∗
Sahne steif schlagen, mit Senf,

Ananas- und Zitronensaft vermengen, abschmecken und mit den Salatzutaten mischen ∗
Salat auf Salatblättern anrichten und sofort servieren.

Kiwi-Eisbergsalat

Foto Seite 94

1 Kopf Eisbergsalat, 3 Mandarinen, 3 Kiwis ∗
Soße: 50 g Roquefortkäse, 5 EL Schlagsahne,
1 EL saure Sahne, Zitronensaft, Meersalz, Pfeffer ∗
25 g Haselnußblättchen

Salat putzen, waschen und in Stücke zerteilen. Mandarinen schälen und filetieren. Kiwis schälen und in Scheiben schneiden. Salat, Mandarinenfilets und Kiwischeiben vermengen ∗
Für die Soße Roquefortkäse mit einer Gabel zerdrücken und mit Schlagsahne und saurer Sahne verrühren. Mit Zitronensaft, Salz und Pfeffer abschmecken ∗
Soße in die Mitte des Salates gießen und mit Haselnußblättchen bestreuen.

Beerensalat mit Kefirsoße

200 g Brombeeren, 200 g Himbeeren,
200 g rote Johannisbeeren, 4 EL Ahornsirup ∗
250 g Kefir, 4 EL Orangensaft

Beeren waschen und putzen, Ahornsirup darüberträufeln und mischen ∗
Kefir mit Orangensaft aufschlagen und über den Beerensalat gießen.

Obstsalat mit Aprikosenpüree

250 g getrocknete Aprikosen, 1/4 l Wasser ∗
1/2 l Aprikosensaft, 1 Stück Zitronenschale ∗
200 g Himbeeren, 200 g Erdbeeren, 2 reife Pfirsiche ∗
300 g Crème fraîche,
herausgeschabtes Mark von 1 Vanilleschote

Aprikosen über Nacht im Wasser einweichen ∗
Eingeweichte Aprikosen mit Aprikosensaft und Zitronenschale ankochen, 20 Minuten fortkochen, abkühlen lassen und pürieren ∗
Beeren waschen und putzen. Pfirsiche waschen, halbieren, entsteinen und in Scheiben schneiden. Beeren und Pfirsiche mischen und in eine Glasschüssel geben. Aprikosenpüree über die Früchte gießen ∗
Crème fraîche mit Vanillemark aufschlagen und gekühlt zum Obstsalat reichen.

Ananasscheiben
mit Kokosflocken

*1 frische Ananas * 250 g Doppelrahmfrischkäse,
1 TL Zitronensaft, 1 EL Milch, 1 Prise Meersalz, 1 Messerspitze Curry *
100 g Kokosraspel, 40 g halbierte Walnußkerne*

Ananas schälen, den harten Strunk in der Mitte entfernen, Ananas in dicke Scheiben schneiden *
Frischkäse mit Zitronensaft, Milch, Salz und Curry verrühren. Ananasscheiben von einer Seite mit der Käsecreme bestreichen *
Kokosraspel in eine flache Schale geben und die Ananasscheiben mit der bestrichenen Seite hineindrücken. Mit Walnüssen garnieren.

Melone mit
Sanddornsahne

*1 Honig-, Ogen- oder Cantaloupe-Melone *
250 g Schlagsahne, 1 bis 2 TL Honig, 1 TL Zitronensaft,
2 bis 3 EL Sanddornvollfrucht *
2 Äpfel * 1 EL gehackte Pistazien*

Melone vierteln, Kerne entfernen, Melonenviertel schälen *
Sahne steif schlagen und mit Honig, Zitronensaft und Sanddornvollfrucht verrühren *
Äpfel waschen, Kerngehäuse entfernen, Äpfel fein raspeln und unter die Sahne heben *
Melonenviertel auf Desserttellern anrichten, Sanddornsahne darauf verteilen und mit Pistazien bestreuen.

Gefüllte Grapefruits

*2 Grapefruits, 2 Scheiben Ananas, 75 g Goudakäse *
2 EL Mayonnaise, 1 EL Zitronensaft, 1 EL Weinbrand,
*1 EL flüssiger Honig **
*250 g Sellerieknolle, Meersalz, Pfeffer * Pistazien*

Grapefruits halbieren, aushöhlen und Hälften bis zum Anrichten umdrehen, damit der Saft ausläuft. Fruchtfleisch und Ananas in kleine Würfel, Käse in feine Streifen schneiden *
Mayonnaise mit Zitronensaft, Weinbrand und Honig verrühren *

Sellerie schälen, waschen, sofort in die Mayonnaise raspeln und mit Salz und Pfeffer abschmecken. Obst und Käse dazugeben, vermengen und in die ausgehöhlten Grapefruithälften füllen *
Gekühlt mit gehackten Pistazien garniert servieren.

Ananas mit Quarkcreme

250 g Quark, 2 bis 3 EL flüssiger Honig,
*herausgeschabtes Mark von 1 Vanilleschote, 150 g Schlagsahne **
*4 EL Kokosraspel * 1 Ananas*

Quark glattrühren, mit Honig und Vanillemark vermengen und abschmecken. Sahne steif schlagen und locker unterheben *
Kokosraspel in der trockenen Pfanne hellgelb rösten, 3 EL unter die Quarkmasse geben. Quarkcreme kühl stellen *

Ananas der Länge nach in acht Spalten schneiden, den harten Strunk in der Mitte entfernen. Ananasfruchtfleisch aus der Schale lösen, in Stücke schneiden, mit Schale auf Tellern anrichten und Quarkcreme danebengeben. Creme mit restlichen Kokosraspeln garnieren.

Bananen-Apfelauflauf mit Nußstreuseln

100 g Dinkel, 60 g Haselnußkerne,
50 g grober Maisgrieß, herausgeschabtes Mark von 1 Vanilleschote,
abgeriebene Zitronenschale, 80 g flüssige Butter,
1 EL flüssiger Honig *
400 g säuerliche Äpfel, 4 Bananen,
20 g gehackte Haselnußkerne

Dinkel fein mahlen, Nüsse mittelfein hacken und mit Maisgrieß, Vanillemark und Zitronenschale mischen. Butter und Honig langsam darüberträufeln, dabei gleichzeitig alles zu einer krümeligen Masse verarbeiten * Äpfel waschen, abtrocknen und mit Schale grob raspeln, unter die Streuselmasse heben. Bananen in Scheiben schneiden und untermengen. Masse in eine gefettete Auflaufform geben und mit Nüssen bestreuen. Form in den kalten Backofen setzen und Auflauf goldgelb backen.

E: Mitte
T: 200 °C / 30 bis 40 Minuten
    0 /   5 Minuten

Aprikosen-Reisauflauf

3/4 l Milch, 250 g Rundkorn-Vollreis, 50 g Honig ∗
75 g Butter, 75 g Honig, 3 Eigelb,
abgeriebene Schale und Saft von 1 Zitrone ∗
750 g Aprikosen, 2 bis 3 EL Apricot Brandy ∗
3 Eiweiß, 50 g flüssiger Honig, 1/2 TL Zimt ∗
40 g Mandelblätter

Milch ankochen, Reis einstreuen, umrühren und 30 bis 35 Minuten quellen lassen. Mit Honig vermengen und abkühlen lassen ∗
Butter mit Honig und Eigelb schaumig rühren, Zitronenschale und -saft hinzufügen, den erkalteten Reis unterheben und alles in eine gefettete Auflaufform füllen ∗
Aprikosen überbrühen, enthäuten, halbieren und entsteinen, mit der Wölbung nach unten auf den Reis legen und mit Alkohol beträufeln ∗
Eiweiß sehr steif schlagen, Honig und Zimt dazugeben und Masse auf die Aprikosen streichen ∗
Auflauf mit Mandeln bestreuen und in den vorgeheizten Backofen setzen.

E: unten
T: 200 °C / 30 bis 35 Minuten
       0   /   5 Minuten

Birnen »Waldgeist«

*4 große Birnen, 1/8 l Weißwein, 1 EL Honig,
1 EL Zitronensaft, 1 Zimtstange *
300 g Himbeeren, 1 EL Zitronensaft,
herausgeschabtes Mark von 1 Vanilleschote, 3 EL Honig *
50 g gehackte Haselnußkerne*

Birnen schälen, halbieren und Kerngehäuse entfernen. Birnenhälften im Wein mit Honig, Zitronensaft und Zimtstange ankochen, 5 Minuten fortkochen und abkühlen lassen *
Himbeeren verlesen, eventuell waschen, pürieren – eventuell durch ein Sieb streichen – und mit Zitronensaft, Vanillemark und Honig verrühren *
Birnenhälften auf Dessertteller verteilen, mit Himbeerpüree überziehen und mit Haselnüssen bestreuen.

Gratinierte Äpfel

*1 kg Äpfel (z.B. Cox Orange), 1 bis 2 EL Akazienhonig *
300 g Crème fraîche,
herausgeschabtes Mark von 1 Vanilleschote*

Äpfel schälen, achteln und Kerngehäuse entfernen. Äpfel dachziegelartig in eine gefettete flache Auflaufform legen und mit Honig beträufeln *
Crème fraîche mit Vanillemark aufschlagen und über die Äpfel gießen. Form in den vorgeheizten Backofen setzen und Äpfel goldgelb gratinieren.

E: Mitte
T: 200 °C / 25 bis 30 Minuten
       0   /   5 Minuten

Gratinierte Birnen mit Roggenkruste

4 reife Birnen, 2 EL Zitronensaft *
50 g Butter, 2 EL Honig, 50 g Roggen *
150 g Crème fraîche, 50 g gehackte Haselnußkerne

Birnen waschen, eventuell schälen, achteln und Kerngehäuse entfernen. Birnen in eine gefettete Auflaufform legen und mit Zitronensaft beträufeln *
Butter mit Honig schmelzen. Roggen grob schroten, mit Butter und Honig verrühren und 5 Minuten dünsten *
Crème fraîche und Nüsse unter die Roggenschrotmasse rühren und alles gleichmäßig auf den Birnen verteilen. Form in den vorgeheizten Backofen setzen und Birnen goldgelb gratinieren.

E: Mitte
T: 200 °C / 25 bis 30 Minuten
$\quad$ 0 $\quad$ / $\quad\quad$ 5 Minuten

Bananen mit Sesam

8 feste kleine Bananen (etwa 800 g), 2 EL Zitronensaft *
100 g Sesam, 40 g Butterschmalz *
6 EL Ahornsirup, 1 Messerspitze gemahlener Ingwer

Bananen mit Zitronensaft beträufeln * Sesam in der trockenen Pfanne goldbraun rösten. Butterschmalz dazugeben und die Bananen darin von jeder Seite etwa 3 Minuten braten, herausnehmen und auf einer Platte anrichten *
Ahornsirup in die Pfanne geben, erwärmen, mit Ingwer würzen und über die Bananen gießen.

Grießbömbchen
mit Beeren

1/4 l Milch, 50 g Honig, 30 g Vollkorngrieß ∗
2 Blatt weiße Gelatine, 2 EL Orangenlikör ∗
200 g Schlagsahne ∗
500 g Beeren (Johannisbeeren, Himbeeren, Brombeeren),
Ahornsirup oder Honig

Milch mit Honig ankochen, Grieß unter Rühren einstreuen und 15 Minuten quellen lassen ∗
Gelatine in kaltem Wasser einweichen, ausdrücken und im warmen Grießbrei auflösen. Orangenlikör dazugeben ∗
Sahne steif schlagen und unter den erkalteten Grießbrei ziehen. Masse in vier gefettete Förmchen füllen und im Kühlschrank 3 bis 4 Stunden fest werden lassen ∗
Beeren putzen, waschen, abtropfen lassen, mit Ahornsirup oder Honig abschmecken ∗
Förmchen kurz in heißes Wasser tauchen und Grießbömbchen auf Dessertteller stürzen. Mit Beeren umlegt servieren.

Schokoladenbiskuitrolle

Foto rechts

65 g Weizen, 65 g Dinkel, 1 TL Backpulver, 35 g Kakao ∗
4 Eiweiß, 2 EL Wasser, 130 g Akazienhonig, 4 Eigelb ∗
Füllung: 250 g Himbeeren, 200 g Frischkäse, 2 EL Akazienhonig,
herausgeschabtes Mark von 1 Vanilleschote, 2 Bananen,
5 Blatt weiße Gelatine, 250 g Schlagsahne ∗
Zum Garnieren: 150 g Schlagsahne, Honigschokolade (Reformhaus), 1 Banane

Weizen und Dinkel fein mahlen, mit Backpulver und Kakao mischen ∗ Eiweiß mit Wasser steif schlagen, Honig hineinlaufen lassen und weiterschlagen, bis eine dickliche Schaummasse entsteht. Eigelb nach und nach unterrühren. Die Mehlmischung auf die Masse sieben und locker unterheben. Biskuitmasse gleichmäßig auf ein mit Backpapier belegtes Backblech streichen, in den vorgeheizten Backofen setzen und sofort backen.

E: Mitte
T: 200 °C / 10 bis 12 Minuten

Biskuitplatte sofort auf ein mit Zucker bestreutes Geschirrtuch stürzen, Papier mit kaltem Wasser bestreichen und abziehen. Biskuit von der schmalen Seite her durch Anheben des Tuches locker aufrollen. Rolle erkalten lassen ∗

Für die Füllung Himbeeren waschen und trockentupfen, einige Himbeeren zum Garnieren beiseite stellen. Frischkäse mit Honig und Vanillemark verrühren. Bananen pürieren und unter die Käsecreme rühren. Gelatine nach Anweisung auflösen und unterrühren. Sahne steif schlagen und locker unterheben ∗ Biskuit vorsichtig zurückrollen, Bananen-Käsecreme gleichmäßig auf der Biskuitplatte verstreichen. Himbeeren darauf verteilen und etwas andrücken. Biskuit aufrollen ∗ Zum Garnieren Sahne steif schlagen, 3 EL davon in eine Tortenspritze füllen. Biskuitrolle mit der übrigen Sahne bestreichen und Honigschokolade darüberraspeln. Auf der Oberseite 12 bis 14 Stücke leicht markieren, auf jedes eine Sahnerosette aufspritzen und mit Bananenscheiben und Himbeeren garnieren.

Preiselbeer-Apfel-Speise

375 g Preiselbeeren, 75 g Honig, 100 ml Weißwein,
*herausgeschabtes Mark von 1 Vanilleschote *
2 Eigelb, 40 g Honig, abgeriebene Zitronenschale,
*1 EL warmes Wasser, 125 g Sahnejoghurt, 100 g Schlagsahne **
*75 g Mandelstifte **
2 Äpfel (Cox Orange), Saft von 1 Zitrone

Preiselbeeren verlesen, waschen und abtropfen lassen, einige zum Garnieren beiseite legen. Restliche Preiselbeeren mit Honig, Wein und Vanillemark ankochen, 5 Minuten fort-kochen und abkühlen lassen *
Eigelb mit Honig, Zitronenschale und Wasser dicklich aufschlagen, Joghurt unterrühren. Sahne steif schlagen und locker unterheben. Creme kühl stellen *

Mandelstifte in der trockenen Pfanne hellbraun rösten und abkühlen lassen *
Äpfel schälen, grob raspeln und sofort mit Zitronensaft beträufeln *
Abwechselnd Äpfel, Mandelstifte, Joghurtcreme und Preiselbeerkompott in eine Schüssel einschichten, mit Preiselbeeren und Mandelstiften garnieren.

◀ *Paprikagemüse im Hirsering*
Rezept Seite 62

Apfelpfannkuchen mit Sesam

*2 Eier, 1/4 l Milch, 1 Prise Meersalz, 2 EL Honig,
150 g Weizenvollkornmehl, 3 EL flüssige Butter* *
2 bis 3 Äpfel (Cox Orange oder Boskop) *
60 g Butter, 4 EL Sesam *
Ahornsirup

Eier mit etwas Milch, Salz und Honig verrühren. Mehl nach und nach mit dem Rest der Milch unterrühren und Butter hinzufügen *
Äpfel schälen, in Viertel schneiden, Kerngehäuse entfernen und Äpfel in Scheiben schneiden *
1/4 der Butter erhitzen, 1/4 der Apfel-scheiben darin andünsten, mit 1 EL Sesam bestreuen und 1/4 des Teiges einfüllen. Pfannkuchen von beiden Seiten goldgelb backen. Auf diese Weise drei weitere Pfannkuchen backen *
Pfannkuchen mit Ahornsirup beträufeln.

Melonen-Erdbeer-Mixgetränk

*1 bis 2 Honigmelonen (je nach Größe),
250 g Erdbeeren*

Melone vierteln, Kerne entfernen, Melonenviertel schälen und in Stücke schneiden. Erdbeeren waschen und putzen. Melonenstücke und Erdbeeren mit dem Elektro-Entsafter entsaften. Saft mischen und sofort servieren.

Bananen-Kiwi-Drink

8 Kiwis *
2 Orangen *
2 Bananen

Kiwis schälen und mit dem Elektro-Entsafter entsaften *
Orangen halbieren und auspressen *

Bananen sehr fein pürieren und nach und nach mit Orangen- und Kiwisaft auffüllen. Sofort servieren.

Winter-Vitamintrunk

4 Orangen, 2 Grapefruits, 1 Zitrone *
2 EL Honig

Zitrusfrüchte halbieren und auspressen *
Saft mit Honig süßen und sofort servieren.

Orangen-Malven-Drink

4 Orangen, 1/2 l kalter Malventee *
2 bis 3 EL Ahornsirup

Orangen halbieren, auspressen und Saft mit Malventee mischen *
Mit Ahornsirup süßen und Drink sofort servieren.

Konfitüre kalt gerührt

250 g Brombeeren, 400 g Bananen,
250 g Honig

Brombeeren waschen und putzen. Bananen in grobe Stücke schneiden. Obst mit Honig pürieren, bis ein dickflüssiger Brei entsteht. Konfitüre in Gläser füllen, verschließen und kühl stellen.
Die Konfitüre ist etwa 1 Woche haltbar.

Brotaufstrich »Morgenröte«

4 Äpfel (z.B. Boskop), 200 g Himbeeren,
1/8 l Apfelsaft ∗
100 g geriebene Mandeln, 2 bis 3 EL Honig

Äpfel schälen, vierteln und Kerngehäuse entfernen. Himbeeren waschen und putzen. Äpfel und Himbeeren im Apfelsaft etwa 10 Minuten dünsten und abkühlen lassen ∗
Obst mit Mandeln und Honig pürieren. Brotaufstrich in ein Glas füllen und verschließen.

Der Brotaufstrich ist im Kühlschrank etwa 1 Woche haltbar.

Milch und Milchprodukte

Milch und Milchprodukte enthalten biologisch hochwertiges Eiweiß, emulgiertes und daher leicht verdauliches Fett, reichlich Calcium, Magnesium und Phosphor, reichlich Vitamin A, D und die Vitamine des B_2-Komplexes, jedoch wenig Eisen und Vitamin C.

Neben Vollmilch ist die teilentrahmte Milch mit geringerem Fettgehalt sowie weniger Vitamin A und B in der Ernährung zu verwenden.

In der Vollwerternährung wird vor allem Roh- bzw. Vorzugsmilch aus kontrollierter Verarbeitung empfohlen. Durch den Verzehr von genügend Milch und Milchprodukten ist die Eiweißversorgung gewährleistet, so daß der Fleischverzehr eingeschränkt werden kann.

113

Sahne-Champignonsuppe

*500 g Champignons, 20 g Butter *
600 g Schlagsahne, 1 bis 2 EL Sojasoße, Zitronensaft,
Meersalz, Pfeffer, 2 EL feingehackte Petersilie

Champignons putzen, waschen und in feine Scheiben schneiden. Butter erhitzen und Champignons darin 15 Minuten dünsten *
Sahne dazugeben, erhitzen, mit Soja-soße, Zitronensaft, Salz und Pfeffer abschmecken. Suppe mit Petersilie bestreuen.

Mit Vollkorn-Käsestangen servieren.

Buttermilch-Bananenkaltschale

*2 reife Bananen, 1 feste Banane *
1 l Buttermilch, 2 EL Waldhonig, 1 TL Zimt

Reife Bananen pürieren, feste Banane in Scheiben schneiden *
Buttermilch mit Bananenpüree, Honig und Zimt verrühren, eventuell mit Honig nachsüßen. Kaltschale in Suppentassen verteilen, Bananen-scheiben dazugeben und sofort servieren.

Kefir-Gurkenkaltschale

2 Salatgurken *
500 g Kefir, 1 Knoblauchzehe, 2 EL Dillspitzen, Meersalz, Pfeffer

Salatgurken schälen, längs halbieren und entkernen, Gurken grob raspeln * Kefir schaumig schlagen. Knoblauchzehe schälen, auspressen, mit Gurkenraspeln zum Kefir geben und verrühren. Mit Dill, Salz und Pfeffer würzen und kühl stellen.

Eventuell mit in Butter gerösteten Vollkornbrotwürfeln servieren.

Grießauflauf

300 g TK-Beeren (Johannisbeeren, Brombeeren, Himbeeren) *
3/8 l Milch, 75 g Vollkorngrieß *
1 Ei, 1 Eiweiß, 2 bis 3 EL Honig *
1 bis 2 EL Himbeergeist, 1 bis 2 EL flüssiger Honig

Beeren antauen lassen *
Milch ankochen, Grieß unter Rühren einstreuen und aufkochen *
Ei mit Eiweiß und Honig schaumig schlagen, unter den Grieß heben und in eine Auflaufform geben. 1/3 der Beeren auf den Grieß streuen. Auflauf in den vorgeheizten Backofen setzen und goldgelb backen.

E: Mitte
T: 200 °C / 25 bis 30 Minuten

Restliche Beeren pürieren, mit Himbeergeist und Honig abschmecken. Auflauf mit Fruchtpüree servieren.

Gemüse-Joghurtauflauf

4 EL Hirse ∗
500 g Möhren, 1 kleiner Blumenkohl, Meersalz ∗
4 Frühlingszwiebeln, 250 g Erbsen ∗
500 g Vollmilchjoghurt, Meersalz, Pfeffer, Muskat ∗
100 g geriebener Emmentaler

Hirse mindestens 12 Stunden in Wasser einweichen ∗
Möhren schälen, waschen und in Scheiben schneiden. Blumenkohl putzen, waschen und in Röschen teilen. Möhren und Blumenkohl in wenig Salzwasser ankochen und 8 Minuten fortkochen ∗
Frühlingszwiebeln waschen und in feine Ringe schneiden. Erbsen in eine gefettete Auflaufform geben. Möhren und Blumenkohl hinzufügen, Zwiebelringe darüberstreuen ∗
Joghurt mit Salz, Pfeffer und Muskat verrühren und über das Gemüse gießen ∗
Mit Hirse und Käse bestreuen und Form in den vorgeheizten Backofen setzen.

E: unten
T: 200 °C / 30 bis 35 Minuten
    0   /   5 Minuten

Pikanter Quarkauflauf mit Gemüse und Graupen

150 g Gerstengraupen ∗
800 g Weißkohl, 300 g Möhren, 2 Zwiebeln, 1 Knoblauchzehe ∗
40 g Butter, Meersalz, Pfeffer, 1/8 l Gemüsebrühe ∗
250 g Sahnequark, 2 Eier, 2 EL gehackte Petersilie,
Meersalz, Pfeffer, 150 g geriebener Emmentaler

Graupen mindestens 2 Stunden in Wasser einweichen, dann abtropfen lassen ∗
Weißkohl und Möhren putzen und waschen. Weißkohl in schmale Streifen, Möhren in Stifte schneiden. Zwiebeln und Knoblauchzehe schälen und fein hacken ∗
Butter erhitzen, Graupen, Weißkohl, Möhren, Zwiebeln und Knoblauch darin andünsten, mit Salz und Pfeffer bestreuen, Brühe angießen und 10 Minuten dünsten ∗

Quark mit Eiern, Petersilie, Salz, Pfeffer und der Hälfte des Käses verrühren. Graupengemüse in eine gefettete Auflaufform geben, mit Quarkmasse begießen und mit restlichem Käse bestreuen. Form in den vorgeheizten Backofen setzen.

E: unten
T: 200 °C / 30 bis 35 Minuten
    0   /   5 Minuten

Käsesoufflé
mit Walnüssen

4 EL Weizen, 60 g Butter *
200 ml Milch *
80 g gehackte Walnußkerne, 150 g geriebener Emmentaler,
Meersalz, Pfeffer, Muskat *
4 Eigelb *
4 Eiweiß

Weizen fein mahlen. Butter erhitzen, Mehl hinzufügen und unter Rühren darin andünsten *
Milch nach und nach mit einem Schneebesen einrühren und 2 Minuten aufkochen lassen *
Nüsse und Käse unterrühren, mit Salz, Pfeffer und Muskat abschmecken *
Eigelb unter die Soufflémasse rühren *
Eiweiß steif schlagen und unterheben. Masse in eine gefettete Auflaufform geben und Form in den vorgeheizten Backofen setzen.

E: unten
T: 200°C / 30 bis 35 Minuten

Sofort servieren, da das Soufflé sonst zusammenfällt.

Beilage: Feldsalat.

Gorgonzolasoße

3 Zwiebeln, 20 g Butter ∗
500 g Tomaten ∗
250 g Gorgonzola, 100 g Schlagsahne,
Meersalz, Pfeffer, Paprika

Zwiebeln schälen und in feine Würfel schneiden. Butter erhitzen und Zwiebeln darin 5 Minuten dünsten ∗ Tomaten überbrühen, enthäuten, halbieren, entkernen und in Würfel schneiden, zu den Zwiebeln geben und 10 Minuten dünsten ∗

Gorgonzola grob zerbröckeln und mit Sahne unter die Tomaten rühren. Soße mit Salz, Pfeffer und Paprika abschmecken.

Zu Vollkornnudeln servieren.

Pesto Genovese

1 Bund Petersilie, 2 Bund Basilikum, 5 Knoblauchzehen,
100 g Pinienkerne ∗
6 EL kaltgepreßtes Olivenöl, Meersalz, Pfeffer ∗
100 g Mozzarellakäse, 50 g geriebener Parmesankäse

Petersilie und Basilikum waschen und trockentupfen. Knoblauchzehen schälen. Kräuter, Knoblauchzehen und Pinienkerne sehr fein hacken ∗ Olivenöl tropfenweise untermischen, Salz und Pfeffer dazugeben ∗ Mozzarellakäse grob zerkleinern, mit

Parmesankäse unter die Masse mischen und pürieren.

Pesto Genovese zu Vollkornnudeln oder zu bißfest gegartem Gemüse servieren.

Birnen-Roquefort-Torteletts

8 Stück
Foto rechts

250 g Weizen *
150 ml lauwarmes Wasser, 1 Prise Meersalz, 15 g Hefe, 2 EL Öl *
Füllung: 125 g Roquefortkäse, 3 EL Schlagsahne,
2 Eier, 1 gestrichener EL Weizen-Vollkornmehl,
4 Birnen

Weizen fein mahlen *
Wasser, Salz und zerbröckelte Hefe in der Rührschüssel der Küchenmaschine vermengen. Mehl hinzufügen und alles in 5 bis 6 Minuten mit den Knethaken zu einem festen, aber elastischen Teig verkneten. Öl dazugeben und unterkneten. Teig zugedeckt 15 bis 20 Minuten gehen lassen. Teig nochmals durchkneten, in acht Teile teilen, Teigstücke ausrollen und in gefettete Tortelettförmchen (12 cm ⌀) geben *

Für die Füllung Roquefortkäse mit Sahne, Eiern und Mehl verrühren. Birnen schälen, Kerngehäuse entfernen, Birnen in Spalten schneiden. Käse-Eier-Masse und Birnenspalten auf die Tortelettförmchen verteilen. Torteletts in den vorgeheizten Backofen setzen und goldgelb backen.

E: Mitte
T: 200 °C / 25 bis 30 Minuten
       0   / 5 bis 10 Minuten

Quarkklöße mit Brombeerpüree

20 g kernige Haferflocken, 30 g gemahlene Mandeln, 10 g Butter ∗
30 g Mandelblätter ∗
600 g Brombeeren, 2 EL Honig ∗
500 g Quark, 1 Eigelb, 1 bis 2 EL Honig ∗
1 bis 1 1/2 l Wasser, Meersalz

Haferflocken und Mandeln in der trockenen Pfanne goldbraun rösten, Butter dazugeben und abkühlen lassen ∗ Mandelblätter in der trockenen Pfanne rösten und abkühlen lassen ∗ Brombeeren verlesen, waschen und abtropfen lassen. Einige Früchte beiseite legen, die restlichen pürieren und passieren, mit Honig würzen ∗ Quark mit Eigelb, Haferflocken-Mandel-Mischung und Honig verrühren und etwa 10 Minuten kühl stellen ∗

Wasser mit Salz ankochen. Aus der Quarkmasse mit zwei Eßlöffeln 16 bis 18 Klöße formen, ins kochende Wasser geben und 8 bis 10 Minuten garziehen lassen ∗ Fruchtpüree auf Teller verteilen, je zwei bis vier Klöße auf das Püree setzen und mit den Mandelblättern und restlichen Brombeeren garnieren.

◀ *Gefüllte Paprikaschoten Rezept Seite 61*

Quark-Dattel-Creme

*100 g getrocknete Datteln *
375 g Magerquark, 3 EL Dattelmark,
*4 EL Zitronensaft, 4 EL Orangensaft *
250 g Schlagsahne

Datteln längs halbieren, entkernen und in feine Streifen schneiden *
Quark mit Dattelmark, Zitronen- und Orangensaft schaumig rühren *
Sahne steif schlagen und unter die Quarkmasse heben. Von den Dattelstreifen einige zum Garnieren beiseite legen, restliche unter die Creme heben. Creme in Glasschälchen füllen und mit Dattelstreifen bestreuen.

Sauerrahmcreme mit Himbeerpüree

150 g saure Sahne, 150 g Crème fraîche, 2 EL Zitronensaft,
*2 EL Honig, 4 Blatt weiße Gelatine *
*250 g Schlagsahne *
250 g Himbeeren, 1 bis 2 EL Honig

Saure Sahne mit Crème fraîche, Zitronensaft und Honig verrühren. Gelatine nach Anweisung auflösen und unter die Creme rühren, kühl stellen, bis die Creme halb steif ist *
Sahne steif schlagen, unter die Creme heben und Creme in eine Glasschüssel füllen *
Himbeeren verlesen, eventuell waschen, pürieren, eventuell durch ein Sieb streichen, mit Honig süßen und auf die Sauerrahmcreme gießen.

Vanille-Mascarpone mit Erdbeeren

500 g Erdbeeren ∗
1 Vanilleschote, 1/8 l Milch ∗
400 g Mascarpone, 1 EL Honig

Erdbeeren waschen, putzen und achteln ∗
Mark aus der Vanilleschote herausschaben. Milch mit Vanilleschote und -mark erhitzen, abkühlen lassen und

Vanilleschote entfernen ∗ Mascarpone mit Vanillemilch und Honig zu einer cremigen Masse aufschlagen. Erdbeerstückchen vorsichtig unterheben.

Joghurtcreme mit Beeren

500 g Brombeeren, Himbeeren oder Erdbeeren ∗
3 Eigelb, 2 EL Honig, 2 EL Zitronensaft,
300 g Magerjoghurt, 4 Blatt weiße Gelatine ∗
3 Eiweiß

Beeren waschen, putzen und in eine Glasschüssel geben. Einige Beeren zum Garnieren beiseite stellen ∗ Eigelb mit Honig und Zitronensaft schaumig rühren, Joghurt unterrühren. Gelatine nach Anweisung auflösen

und ebenfalls unterrühren. Creme kühl stellen und halb steif werden lassen ∗ Eiweiß steif schlagen und unter die Masse heben. Joghurtcreme über die Beeren gießen und mit restlichen Beeren garniert servieren.

Frischkäsecreme mit Bleichsellerie

*125 g Butter, 3 Eigelb,
400 g Doppelrahmfrischkäse, Meersalz, Pfeffer,
1 EL Zitronensaft *
100 g Bleichsellerie (mit Blattgrün)*

Butter schaumig rühren, mit Eigelb und Frischkäse verrühren, mit Salz, Pfeffer und Zitronensaft vermengen und abschmecken *
Sellerie waschen und putzen, Blattgrün zum Garnieren beiseite legen. Sellerie in sehr feine Würfel schneiden und mit dem Frischkäse vermengen.

Käsemasse in eine mit kaltem Wasser ausgespülte Schüssel geben und mehrere Stunden kühl stellen *
Frischkäse kurz vor dem Servieren stürzen und mit Selleriegrün garnieren.

Dazu Vollkornbrot reichen.

Kerbelkäse

2 Bund Kerbel ∗
150 g Butter, 50 ml Milch, 400 g Doppelrahmfrischkäse ∗
1 Knoblauchzehe, 1 TL abgeriebene Zitronenschale,
Meersalz, Pfeffer

Kerbel waschen, abtropfen lassen, Blätter abzupfen und grob hacken ∗ Butter schmelzen und mit Milch und Frischkäse cremig rühren ∗ Knoblauchzehe schälen und auspressen. Knoblauch, Zitronen-schale, Salz und Pfeffer unter die Käsecreme rühren. Kerbel unterrühren und Kerbelkäse in einen Steinguttopf füllen.

Mit Roggenvollkornbrot servieren.

Avocado-Roquefortpüree

1 reife große Avocado ∗
100 bis 200 g Roquefortkäse, 2 EL Zitronensaft

Avocado halbieren, Kern entfernen, Fruchtfleisch mit einem Eßlöffel herausnehmen ∗

Fruchtfleisch mit Roquefortkäse und Zitronensaft pürieren.

Der Brotaufstrich sollte möglichst frisch verzehrt werden.

Eier-Parmesankäse

80 g Butter, 4 hartgekochte Eigelb,
200 g geriebener Parmesankäse

Butter schaumig rühren, Eigelb durch ein Sieb streichen und mit dem Parmesankäse unter die Butter rühren.

Der Brotaufstrich ist im Kühlschrank etwa 1 Woche haltbar.

Käsetarte

150 g Weizenvollkornmehl, 1 Eigelb, 2 EL Wasser,
150 g geriebener Goudakäse, 150 g Butter ∗
50 g geriebener Goudakäse, 1/2 Bund Thymian ∗
200 g Schlagsahne, 3 Eier, 1 Knoblauchzehe, Meersalz ∗
30 g Sonnenblumenkerne

Aus Mehl, Eigelb, Wasser, Käse und Butter einen Knetteig bereiten und etwa 30 Minuten kühl stellen ∗
Teig ausrollen und eine gefettete Tarteform (etwa 30 cm ∅) damit auslegen. Boden mit einer Gabel mehrmals einstechen ∗
Käse und die Hälfte der Thymianblättchen darauf verteilen ∗
Sahne mit Eiern verquirlen. Knoblauchzehe schälen, Knoblauch in die Eiersahne pressen und mit Salz würzen. Eiersahne in die Tarteform gießen ∗
Mit restlichem Thymian und Sonnenblumenkernen bestreuen. Form in den vorgeheizten Backofen setzen und Tarte goldgelb backen.

E: unten
T: 200 °C / 20 bis 25 Minuten
        0   /   5 Minuten

Tarte warm servieren.

Sanddorn-Quarktorte

4 Eigelb, 125 g Honig, 4 EL Wasser ∗
125 g Weizen, 40 g geriebene Haselnußkerne,
1/2 TL Backpulver ∗
40 g Butter ∗
4 Eiweiß ∗
400 g Magerquark, 100 g Honig, 100 g Sanddornvollfrucht,
2 TL abgeriebene Orangenschale, 10 Blatt weiße Gelatine ∗
400 g Schlagsahne ∗
1 EL gehackte Pistazien

Eigelb mit Honig und Wasser schaumig rühren ∗
Weizen fein mahlen, mit Nüssen und Backpulver mischen und unter die Eigelbmasse rühren ∗
Butter schmelzen und mit dem Teig verrühren ∗
Eiweiß steif schlagen und unter den Teig heben. Teig in eine mit Backpapier ausgelegte Springform (26 cm Ø) füllen und Form in den vorgeheizten Backofen setzen.

E: unten
T: 200 °C / 25 bis 30 Minuten
      0   /   5 Minuten

Torte auskühlen lassen und in zwei Platten schneiden. Unteren Torten-boden auf eine Tortenplatte legen und Springformrand darumsetzen ∗
Quark mit Honig, Sanddornvollfrucht und Orangenschale verrühren. Gelatine nach Anweisung auflösen und unterrühren, kühl stellen, bis die Quarkmasse halb steif ist ∗
Sahne steif schlagen, 1/3 davon zum Garnieren beiseite stellen, restliche Sahne unter die Quarkmasse heben. Die Hälfte der Creme auf den unteren Tortenboden geben, den oberen Tortenboden auflegen und mit der restlichen Creme bestreichen. Torte kühl stellen ∗
Springformrand lösen, die Torte mit Sahnetupfen garnieren und mit Pista-zien bestreuen.

129

Buchweizen-Käseschnitten

75 g Buchweizen, 60 g Weizen ∗
6 Eier, 150 g Honig, 25 g Carob (Johannisbrotkernmehl),
1/2 TL Backpulver ∗
200 g Doppelrahmfrischkäse, 120 g geriebene Mandeln,
1 Ei, 50 g Honig, 1 TL abgeriebene Zitronenschale,
herausgeschabtes Mark von 1 Vanilleschote ∗
250 g Schlagsahne ∗
500 g grüne Weintrauben

Buchweizen und Weizen fein mahlen ∗
Eier mit Honig und Carob zu einer cremigen Masse verrühren. Mehl mit Backpulver mischen und unter die Eiermasse heben. Teig auf ein mit Backpapier belegtes Backblech streichen und in den vorgeheizten Backofen setzen.

E: Mitte
T: 200 °C / 10 bis 15 Minuten

Die Biskuitplatte auf ein Geschirrtuch stürzen und auskühlen lassen ∗
Frischkäse mit Mandeln, Ei, Honig, Zitronenschale und Vanillemark zu einer glatten Masse verrühren ∗
Den Biskuit der Länge nach durchschneiden, die eine Hälfte mit der Käsemasse bestreichen und die andere Hälfte daraufsetzen ∗
Sahne steif schlagen und Kuchen damit bestreichen. Kuchen in Schnitten schneiden ∗
Weintrauben waschen, halbieren, entkernen und die Schnitten damit belegen.

Nußmilch

*3/4 l Milch, 4 Kugeln Vanille-Honigeis,
100 g feingeriebene Haselnußkerne*

Alle Zutaten miteinander mixen. Gekühlt servieren.

Carob-Sahnedrink

*3/4 l Milch, 200 g Schlagsahne,
herausgeschabtes Mark von 1 Vanilleschote,
3 bis 4 EL Carob (Johannisbrotkernmehl)*

Alle Zutaten miteinander mixen. Gekühlt servieren.

Aprikosen-Buttermilchflip

1/2 l ungesüßter Aprikosensaft,
1/2 l Buttermilch, 2 Eigelb, 2 EL Honig

Alle Zutaten miteinander mixen, eventuell mit Honig nachsüßen.
Gekühlt servieren.

Hagebuttenmilch

3/4 l Milch, 1/4 l Orangensaft,
4 EL Hagebuttenmark

Alle Zutaten miteinander mixen. Gekühlt servieren.

Fleisch, Fisch und Eier

Fleisch und Fleischprodukte sind reich an biologisch hochwertigem Eiweiß, an den Vitaminen Thiamin, Riboflavin und Niacin. Fleisch ist ein wichtiger Lieferant des Mineralstoffs Eisen. Andererseits beinhalten Fleisch und Fleischprodukte aber auch gesundheitlich negativ wirkende Inhaltsstoffe wie hohe Anteile an Fett, Cholesterin und Purine. Der Anteil an Fleisch und Fleischprodukten an der Nahrungszufuhr übersteigt derzeit die wünschenswerte Menge.

In der Vollwerternährung wird der Verzehr von Fleisch nicht als notwendig angesehen. Voraussetzung ist allerdings ein hinreichender Anteil an Milch und Milchprodukten. Empfohlen wird, Fleisch als gelegentliche Beilage, das heißt ein- bis zweimal wöchentlich, auf den Speisezettel zu setzen.

Fisch ist eine wichtige Quelle für die Versorgung mit biologisch hochwertigem Eiweiß. Durch eine Fischportion von 200 g kann etwa der halbe Tagesbedarf an tierischem Eiweiß gedeckt werden. Seefisch ist ein wesentlicher Lieferant des Mineralstoffs Jod.

Fettreiche Fische enthalten reichlich Vitamin A und D, magere Fische hauptsächlich B-Vitamine. Fischfette sind reich an mehrfach ungesättigten Fettsäuren.

In der Vollwerternährung ist der Verzehr von Fisch zweimal wöchentlich empfehlenswert.

Eier enthalten biologisch hochwertiges Eiweiß, daneben bedeutende Mengen an Vitamin A, B_1, B_2, D und E. An Mineralstoffen sind Kalium, Calcium, Phosphor und Eisen im Ei vorhanden. Nachteilig ist der hohe Cholesteringehalt des Eidotters.

In der Vollwerternährung können wöchentlich zwei bis drei Eier verzehrt werden.

133

Tafelspitz
mit Kräutersoße

1 kg Tafelspitz (Rindfleisch), 1 bis 1 1/2 l Wasser,
Meersalz, 2 Nelken, 1 Lorbeerblatt,
1 TL Pfefferkörner, 1 Zwiebel, 1 Bund Suppengrün ∗
Kräutersoße: 6 EL Sonnenblumenöl, 3 EL heiße Brühe,
1 EL Balsamessig, 1 TL Senf ∗
2 hartgekochte Eier, 1 Zwiebel, 1 Knoblauchzehe ∗
6 bis 8 EL gehackte Kräuter, 150 g saure Sahne,
Meersalz, Pfeffer

Fleisch waschen. Wasser mit Salz, Nelken, Lorbeerblatt und Pfefferkörnern ankochen. Zwiebel schälen, Suppengrün putzen, waschen und alles kleinschneiden. Fleisch, Zwiebel und Suppengrün im Salzwasser etwa 2 Stunden fortkochen ∗
Für die Soße Öl mit Brühe, Essig und Senf verrühren ∗
Von den Eiern Eigelb zerdrücken, Eiweiß in feine Würfel schneiden. Zwiebel und Knoblauchzehe schälen, beides in feine Würfel schneiden ∗
Alles mit Kräutern und Sahne in die Marinade geben, mischen und mit Salz und Pfeffer abschmecken ∗
Fleisch aus der Brühe nehmen, in Scheiben schneiden und auf einer Platte mit etwas durchgesiebter Brühe anrichten ∗
Kräutersoße getrennt dazu reichen.

Beilage: Bouillonkartoffeln.

Omeletts mit Gemüsefüllung »Japan« ▶
Rezept Seite 152

Rindergulasch mit Ananas und Safranreis

500 g Rindergulasch, 2 bis 3 TL Zitronensaft,
1 EL Curry, Meersalz ∗
2 EL Öl ∗
200 g Tomaten, 50 g Rosinen, 3 EL Rum ∗
Gut 1/2 l Wasser, 250 g Langkorn-Vollreis,
1 Tüte Safran, Meersalz ∗
1 Ananas, 30 g Butter ∗
Petersilie

Gulasch mit Zitronensaft beträufeln, mit Curry würzen und 30 Minuten durchziehen lassen, danach salzen ∗
Öl erhitzen, Fleisch darin rundum braun anbraten ∗
Tomaten überbrühen, enthäuten und in Würfel schneiden. Tomaten, Rosinen und Rum zum Fleisch geben und im geschlossenen Topf 45 bis 50 Minuten schmoren ∗
Wasser mit Reis, Safran und Salz ankochen und 35 bis 40 Minuten quellen lassen ∗

Ananas schälen, den harten Strunk entfernen und Ananas in Stücke schneiden. Butter erhitzen, Ananas darin goldgelb braten ∗
Reis auf einer vorgewärmten Platte anrichten, Fleisch und Ananas daraufgeben. Bratensaft über Fleisch und Reis gießen ∗
Mit Petersilie garnieren.

Beilage: Blattsalat.

◀ *Möhrenpudding mit Schnittlauchsoße*
Rezept Seite 63

Gekräuterte Lammkoteletts

Marinade: 2 EL Sonnenblumenöl, Saft von 1 Zitrone,
1/2 Tasse Weinbrand, Meersalz, Pfeffer,
1 bis 2 EL gehackte Kräuter (Salbei, Rosmarin, Basilikum,
Estragon, Thymian, Minze) ∗
4 Lammkoteletts ∗
4 Tomaten, Kräutersalz, Pfeffer ∗
Butter, 1 EL gehackte Kräuter

Für die Marinade Öl mit Zitronensaft, Weinbrand, Salz, Pfeffer und Kräutern verrühren ∗
Lammkoteletts in die Marinade legen und über Nacht darin marinieren ∗
Koteletts etwas abtupfen und unter dem vorgeheizten Grill von jeder Seite etwa 8 Minuten grillen ∗
Tomaten waschen, abtrocknen, kreuzweise einschneiden und mit Salz und Pfeffer bestreuen, etwa 10 Minuten mitgrillen ∗
Vor dem Anrichten Tomaten und Koteletts mit Butterflöckchen belegen und mit Kräutern bestreuen.

Beilage: überbackene Kartoffeln, Blattsalat.

Poulardenbrust mit Backobst

1 Zwiebel, 50 g getrocknete Pflaumen,
50 g getrocknete Aprikosen ✳
2 Poulardenbrüste (ohne Knochen, etwa 600 g),
Meersalz, Pfeffer ✳
2 bis 3 EL Sonnenblumenöl, 1/8 l Weißwein, 1 Zwiebel ✳
75 g getrocknete Aprikosen, 150 g Schlagsahne,
50 g Crème fraîche, Meersalz, Pfeffer, Zitronensaft

Zwiebel schälen und in feine Würfel schneiden. Pflaumen und Aprikosen in feine Streifen schneiden ✳
Fleisch waschen, trockentupfen, innen und außen mit Salz und Pfeffer bestreuen. Mit Zwiebelwürfeln und Backobst belegen, Fleisch zusammenklappen und zustecken ✳
Öl erhitzen, Fleisch darin von jeder Seite anbraten und mit Wein ablöschen. Zwiebel schälen, in kleine Würfel schneiden, dazugeben und alles etwa 30 Minuten schmoren ✳
Fleisch herausnehmen und warm stellen. Bratenfond pürieren. Aprikosen in Streifen schneiden, mit Sahne und Crème fraîche zur Soße geben und aufkochen. Mit Salz, Pfeffer und Zitronensaft abschmecken ✳
Fleisch aufschneiden und mit der Soße servieren.

Beilage: Kartoffelbrei.

Gefüllte Avocados

1 Bund Dill, 20 g Ingwerwurzel, 200 g Graved Lachs,
2 EL Zitronensaft, Meersalz, Pfeffer ∗
2 Avocados, 1 bis 2 EL Zitronensaft ∗
1 Kopf Lollo rosso, 1 Bund Schnittlauch ∗
Vinaigrette: 4 EL Weißweinessig,
Meersalz, Pfeffer, 1 EL Honig, 3 bis 4 EL Öl ∗
1 hartgekochtes Ei

Dill fein hacken. Ingwer schälen und fein reiben. Lachs in feine Würfel schneiden und mit Zitronensaft, Dill, Ingwer, Salz und Pfeffer würzen ∗
Avocados längs halbieren, Kern entfernen, Fruchtfleisch aus der Schale lösen und in Würfel schneiden. Avocadohälften und Fruchtfleisch mit Zitronensaft beträufeln ∗
Lollo rosso putzen, waschen und trok-kentupfen. Schnittlauch in Röllchen schneiden ∗
Für die Vinaigrette Essig mit Salz, Pfeffer, Honig und Öl verrühren, Schnittlauch dazugeben und Lollo rosso darin marinieren ∗
Ei fein hacken, mit den Avocadowürfeln unter den Lachs geben und in die Avocadohälften füllen. Mit dem Lollo rosso auf Portionstellern anrichten.

Matjescocktail

4 Matjesfilets, 125 g Champignons, 2 Tomaten,
150 g Ananas, Salatblätter ✳
100 g saure Sahne, 50 g Crème fraîche,
2 TL Tomatenmark, Meersalz, Pfeffer ✳
Dill

Matjesfilets, wenn nötig, wässern oder nur abwaschen, trockentupfen und in Stücke schneiden. Champignons putzen, waschen und in dünne Scheiben schneiden. Tomaten überbrühen, enthäuten, entkernen und in Streifen schneiden. Ananas in Stücke schneiden. Alle Zutaten mischen und auf Salatblättern in Cocktailgläsern anrichten ✳

Sahne und Crème fraîche mit Tomatenmark verrühren und mit Salz und Pfeffer abschmecken. Soße über den Cocktail gießen ✳
Mit gehacktem Dill bestreuen und servieren.

Beilage: Vollkorn-Stangenbrot.

Helgoländer Fischberg

600 g Rotbarschfilet, Saft von 1 Zitrone,
Meersalz, 2 bis 3 EL Wasser ∗
600 g Äpfel, Saft von 1 Zitrone ∗
150 g Quark, 4 EL Mayonnaise, 3 EL Joghurt,
3 bis 4 EL Tomatenketchup,
Meersalz, Pfeffer, Ahornsirup ∗
1 Bund Petersilie

Fischfilet säubern, mit Zitronensaft beträufeln und salzen. Im Wasser 10 bis 15 Minuten dünsten und abkühlen lassen ∗
Äpfel waschen, grob raspeln, mit Zitronensaft beträufeln und bergartig auf einer Platte anrichten. Fisch in mundgerechte Stücke schneiden und darüber verteilen ∗

Quark mit Mayonnaise, Joghurt und Tomatenketchup verrühren, mit Salz, Pfeffer und Ahornsirup abschmecken und über den Fisch geben ∗
Petersilie hacken und kranzartig um den Fischberg streuen.

Beilage: Vollkorn-Stangenbrot.

Seezungen auf Fenchelmus

500 g Fenchelknollen, 1/8 bis 1/4 l Wasser, Meersalz ∗
Muskat, 100 g Crème fraîche ∗
750 g Seezungen, Zitronensaft, Meersalz, Vollkornmehl,
Sonnenblumenöl ∗
30 g gehackte Mandeln

Fenchelknollen putzen, waschen, längs halbieren. Fenchelgrün hacken und beiseite stellen. Wasser mit Salz ankochen, Fenchel hineingeben, 15 bis 20 Minuten fortkochen und abtropfen lassen ∗
Fenchel pürieren und mit Salz und Muskat abschmecken. Crème fraîche unterrühren und warm stellen ∗
Seezungen enthäuten und entgräten, mit Zitronensaft beträufeln, salzen und in Mehl wenden. Öl erhitzen, Seezungen darin von beiden Seiten braten ∗
Mandeln in der trockenen Pfanne rösten. Fisch auf dem Fenchelmus anrichten, mit Mandeln bestreuen und mit Fenchelgrün garnieren.

Beilage: Salzkartoffeln, Blattsalat.

Forelle im Gemüsebett

500 g Möhren, 250 g Bleichsellerie, 2 Äpfel ∗
25 g Butter, 150 g Crème fraîche,
Meersalz, Pfeffer ∗
4 Forellen, Zitronensaft, Meersalz, 30 g Butter ∗
Petersilie, 1 Zitrone

Möhren schälen, waschen und in Scheiben schneiden. Sellerie putzen, waschen und in Stücke schneiden. Äpfel schälen und in Scheiben schneiden ∗
Butter erhitzen, Möhren und Sellerie darin andünsten und 5 Minuten dünsten. Äpfel hinzufügen, erhitzen, Crème fraîche unterrühren, mit Salz und Pfeffer abschmecken und Gemüse in eine gefettete flache Auflaufform geben ∗
Forellen waschen, trockentupfen, mit Zitronensaft beträufeln und salzen. Forellen auf das Gemüse legen und mit zerlassener Butter bestreichen. Form in den vorgeheizten Backofen setzen.

E: Mitte
T: 200 °C / 30 bis 35 Minuten

Fisch mit Petersilie und Zitronen-achteln garnieren.

Beilage: Salzkartoffeln, Blattsalat.

Kabeljau auf Chinagemüse

15 g getrocknete Morcheln ∗
1 kg Kabeljau (Schwanzstück), Saft von 1 Zitrone, Meersalz ∗
500 g Chinakohl, 1 bis 2 Stangen Porree, 250 g Champignons,
1 Dose Bambussprossen (Abtropfgewicht etwa 300 g),
2 EL Sojasoße, 1 TL Chinagewürz, 1/2 TL Curry,
Pfeffer, Meersalz, 3 EL Öl

Pilze in Wasser einweichen ∗
Fisch säubern, mit Zitronensaft beträufeln und salzen ∗
Chinakohl putzen, waschen und in Streifen schneiden. Porree und Champignons putzen, waschen und in Scheiben schneiden. Bambussprossen und Morcheln abtropfen lassen und alles mischen. Sojasoße, Chinagewürz, Curry, Pfeffer, Salz und Öl hinzufügen ∗

Gemüse in eine gefettete Auflaufform geben und den Fisch in Schwimmstellung daraufsetzen. Das geschlossene Gefäß in den kalten Backofen setzen.

E: unten
T: 200 °C / 40 bis 45 Minuten
     0   /   5 Minuten

Beilage: Salzkartoffeln, Blattsalat.

Krabbensoufflé

150 g Champignons, 25 g Butter ∗
Soße: 30 g Butter, 30 g Vollkornmehl, 1/4 l Milch,
4 Eigelb, Curry, Meersalz ∗
200 g Krabben, 150 g mittelalter Goudakäse, 4 Eiweiß

Champignons putzen, waschen und in Scheiben schneiden. Butter erhitzen, Champignons darin andünsten und 5 Minuten dünsten ∗
Für die Soße Butter erhitzen, Mehl darin andünsten, mit Milch ablöschen und aufkochen. Eigelb unterrühren und Soße mit Curry und Salz abschmecken ∗
Krabben, Champignons und in Würfel geschnittenen Käse in die Soße geben.

Eiweiß steif schlagen und locker unterheben. Masse in eine gefettete Auflaufform füllen und Form sofort in den vorgeheizten Backofen setzen.

E: unten
T: 175 °C / 35 bis 40 Minuten
　　　0　/　　　5 Minuten

Beilage: Vollkorntoast.

Lachs auf Gemüsebett mit Sauce hollandaise

4 Scheiben Lachs (je etwa 200 g), Pfeffer,
Zitronenmelisse, Basilikum, Dill ∗
200 g Porree, 200 g Möhren, 200 g Sellerieknolle,
40 g Butter ∗
Kräutersalz, 1/4 l Sekt ∗
Sauce hollandaise: 4 Eigelb, 2 EL Wasser,
2 EL Weißwein, abgeriebene Zitronenschale, Meersalz,
1 Prise weißer Pfeffer ∗
125 g Butter, Zitronensaft

Lachs waschen, trockentupfen und mit Pfeffer bestreuen. Kräuter waschen und fein hacken, über die Lachsfilets streuen, in ein Geschirrtuch einschlagen und über Nacht im Kühlschrank marinieren ∗
Porree putzen, waschen und in Ringe schneiden, Möhren und Sellerie schälen, waschen und in feine Streifen schneiden. Butter erhitzen, Gemüse darin andünsten und 5 Minuten dünsten ∗
Gemüse in eine gefettete Auflaufform geben. Lachsfilets salzen und darauflegen, Sekt darübergießen und Fisch mit Butterbrotpapier abdecken. Form in den vorgeheizten Backofen setzen.

E: unten
T: 200 °C / 20 bis 25 Minuten

Für die Sauce hollandaise Eigelb mit Wasser, Wein, Zitronenschale, Salz und Pfeffer kalt verrühren und auf der Kochstelle bei milder Wärmezufuhr unter Rühren abschlagen, bis die Soße dicklich wird ∗
Weiche Butter in Flöckchen hinzufügen und weiterschlagen, bis sich die Butter aufgelöst hat. Mit Zitronensaft abschmecken.
Sauce hollandaise getrennt zum Lachs servieren.

Beilage: Salzkartoffeln, Blattsalat.

Schellfisch
mit Kräutern

4 Scheiben Schellfisch (je etwa 200 g),
Zitronensaft, Kräutersalz ∗
2 Zwiebeln, 500 g Champignons, 30 g Butter,
Kräutersalz, Pfeffer, Sojasoße ∗
Je 1/2 Bund Petersilie, Dill und Schnittlauch ∗
Etwa 1/8 l Weißwein, Butter

Fisch säubern, mit Zitronensaft beträufeln und salzen ∗
Zwiebeln schälen und in Würfel schneiden. Champignons putzen, waschen und in Scheiben schneiden. Butter erhitzen, Zwiebeln und Champignons darin andünsten, mit Salz, Pfeffer und Sojasoße abschmecken ∗
Kräuter waschen, Petersilie hacken, Dill und Schnittlauch fein schneiden und zur Zwiebel-Champignon-Masse geben. Die Hälfte in eine gefettete

Auflaufform geben, Fisch darauf verteilen und mit restlicher Masse bedecken ∗
Wein darübergießen und Butterflöckchen daraufsetzen. Form in den vorgeheizten Backofen setzen.

E: Mitte
T: 200 °C / 15 bis 20 Minuten

Beilage: Salzkartoffeln, Blattsalat.

Schollenfiletröllchen mit Bananen und Orangen

8 Schollenfilets, Zitronensaft, Meersalz ∗
2 Bananen, 8 Stücke Orangenschale ∗
100 ml frisch gepreßter Orangensaft, Butter ∗
Petersilie, Orangenspalten

Schollenfilets säubern, mit Zitronensaft beträufeln und salzen ∗
Bananen vierteln, Bananenstücke mit je einem Stück Orangenschale in die Schollenfilets wickeln, eventuell mit Hölzchen zusammenstecken ∗
Fischröllchen in eine gefettete Auflaufform geben und mit Orangensaft begießen. Butterflöckchen darauf-setzen und Form in den vorgeheizten Backofen setzen.

E: Mitte
T: 200 °C / 15 bis 20 Minuten

Fisch mit Petersilie und Orangen-spalten garnieren.

Beilage: Salzkartoffeln, Blattsalat.

149

Pikanter Eiersalat

*5 hartgekochte Eier, 1 rote Paprikaschote, 100 g Champignons,
1 Kästchen Kresse, 75 g TK-Erbsen, 100 g Krabben *
Soße: 200 g saure Sahne, Saft von 1/2 Zitrone,
1 EL Sojasoße, Meersalz, Pfeffer * Gehackte Petersilie*

Eier in Scheiben schneiden. Paprikaschote halbieren, entkernen, waschen
und in Streifen schneiden. Champignons putzen, waschen und blättrig
schneiden. Kresse oberhalb der
Wurzel abschneiden und alles mit
Erbsen und Krabben in eine Salat-
schüssel geben *

Für die Soße Sahne mit Zitronensaft
verrühren, Sojasoße dazugeben und
mit Salz und Pfeffer abschmecken.
Soße über die Salatzutaten geben und
durchziehen lassen *
Mit Petersilie garniert servieren.

Beilage: Vollkorn-Stangenbrot.

Spinat-Eierkuchen

*1 kg Spinat, 1/8 l Wasser, Meersalz *
6 Eier, 4 bis 5 EL saure Sahne,
Meersalz, Muskat, Pfeffer, Tabasco, 100 g Parmesankäse*

Spinat verlesen und waschen. Wasser
mit Salz ankochen, Spinat hineingeben, 3 bis 4 Minuten fortkochen
und abtropfen lassen *
Eier mit Sahne, Salz, Muskat, Pfeffer
und Tabasco verquirlen und
abschmecken. Parmesankäse reiben
und unterrühren *

Spinat in eine gefettete Auflaufform
geben, Eiermasse darübergießen und
vorsichtig etwas vermengen. Form in
den kalten Backofen setzen.

E: Mitte
T: 200 °C / 20 bis 25 Minuten
    0   / 5 bis 10 Minuten

Beilage: Kartoffelbrei.

Frühlingsbrote

100 g Butter, 1 TL Senf, Cayennepfeffer ∗
2 hartgekochte Eier, 4 Cornichons, 2 TL Kapern, 2 EL feingehackte
Kräuter (z.B. Petersilie, Schnittlauch, Kresse, Minze) ∗
8 Scheiben Vollkornbrot ∗
1 Bund Radieschen

Butter mit Senf und Cayennepfeffer schaumig rühren ∗
Eier, Cornichons und Kapern fein hacken, mit Kräutern unter die Butter rühren ∗

Brotscheiben mit dem Aufstrich bestreichen ∗
Radieschen putzen, waschen und in dünne Scheiben schneiden. Brote dachziegelartig damit belegen.

Eierpfanne mit Gemüse

1 Zwiebel, je 1 rote und grüne Paprikaschote, 2 Tomaten ∗
1 Knoblauchzehe, 40 g Butter, 150 g TK-Erbsen, 150 g TK-Maiskörner ∗
4 Eier, 3 EL saure Sahne, Meersalz, Pfeffer, Muskat ∗ Petersilie

Zwiebel schälen und in feine Würfel schneiden. Paprikaschoten halbieren, entkernen, waschen und in Streifen schneiden. Tomaten überbrühen, enthäuten und in Würfel schneiden ∗
Eine Pfanne mit halbierter Knoblauchzehe ausreiben. Butter erhitzen, Zwiebel darin hellgelb andünsten. Paprika, Tomaten, Erbsen und Mais dazugeben und etwa 10 Minuten dünsten ∗
Eier mit Sahne verrühren, mit Salz, Pfeffer und Muskat würzen und über das Gemüse gießen. In der geschlossenen Pfanne etwa 10 Minuten stocken lassen ∗
Mit gehackter Petersilie bestreut servieren.

Beilage: Bauernbrot.

Omeletts mit Gemüsefüllung »Japan«

für 2 Personen
Foto Seite 135

2 Stangen Porree, 50 g Sojabohnenkeimlinge,
1 bis 2 EL Erdnußöl ∗
100 ml Gemüsebrühe, 2 EL Sojasoße, 1 TL feingemahlenes Weizen-
Vollkornmehl, Meersalz, Pfeffer ∗
Omeletts: 6 bis 8 Eier, 1 bis 2 EL Milch,
2 TL Sojasoße, Pfeffer ∗
40 g Butter

Porree putzen, waschen und in feine Streifen schneiden. Sojabohnenkeimlinge mit kochendem Wasser überbrühen. Öl erhitzen, Porree darin etwa 10 Minuten dünsten, Sojabohnenkeimlinge dazugeben und weitere 5 bis 10 Minuten dünsten ∗
Brühe, Sojasoße und angerührtes Mehl zum Gemüse geben und eindicken lassen. Mit Salz und Pfeffer abschmecken ∗
Für die Omeletts Eier mit Milch und Sojasoße verrühren, Pfeffer dazugeben ∗
Butter in zwei Pfannen erhitzen, Eimasse hineingeben und in 1 bis 2 Minuten stocken lassen. Füllung auf die Omeletts geben, eine Seite überschlagen und auf Teller gleiten lassen.

Zwiebel-Eiertopf

4 Zwiebeln, 20 g Butter, Meersalz, Pfeffer, Paprika,
1 EL Curry, 1 EL Vollkornmehl, 200 ml Gemüsebrühe, 400 ml Milch ✳
3 bis 4 EL milder Senf ✳ 8 hartgekochte Eier ✳ Petersilie

Zwiebeln schälen und in Ringe schneiden. Butter erhitzen, Zwiebeln darin hellgelb andünsten, mit Salz, Pfeffer, Paprika und Curry vermengen. Mehl dazugeben und andünsten, mit Brühe und Milch ablöschen und unter Rühren aufkochen, 15 bis 20 Minuten fortkochen, dabei etwas eindicken lassen ✳

Senf dazugeben und Soße abschmecken ✳
Eier in Scheiben schneiden und in die Soße geben ✳
Mit gehackter Petersilie bestreuen.

Beilage: Reis, Blattsalat.

Bernburger Eierauflauf

4 Vollkornbrötchen ✳
1/2 l Milch, 6 Eigelb, Meersalz, Pfeffer, Muskat ✳
6 Eiweiß, 4 EL Schnittlauchröllchen

Brötchen in Stücke schneiden ✳
Milch mit Eigelb, Salz, Pfeffer und Muskat verquirlen und über die Brötchen gießen, etwa 30 Minuten stehen lassen, gelegentlich umrühren ✳
Eiweiß steif schlagen, mit Schnittlauchröllchen unter die Brötchenmasse heben, in eine gefettete Auflauf-

form geben und in den vorgeheizten Backofen setzen.

E: unten
T: 200 °C / 30 bis 35 Minuten
    0   /   5 Minuten

Beilage: Blattsalat.

Eiergratin

4 hartgekochte Eier, 1 Dose Thunfisch (Abtropfgewicht etwa 100 g),
2 schwarze Oliven, 50 g Hüttenkäse, Kräutersalz, Pfeffer, Paprika ∗
125 g Hüttenkäse, 100 g Schlagsahne, 6 bis 8 schwarze Oliven

Eier längs halbieren, Eigelb herauslösen und mit abgetropftem Thunfisch
zerdrücken. Oliven fein hacken, mit
Hüttenkäse dazugeben und verrühren.
Mit Salz, Pfeffer und Paprika
abschmecken. Die Hälfte der Masse in
die Eihälften füllen, den Rest in eine
gefettete Gratinform geben und die
Eier daraufsetzen ∗

Hüttenkäse mit Sahne verrühren und
über die Eier geben. Oliven entsteinen
und über die Käsemasse geben. Form
in den vorgeheizten Backofen setzen
und goldgelb gratinieren.

E: Mitte
T: 225 °C / 15 bis 20 Minuten

Frankfurter Grüne Soße mit Eiern und Pellkartoffeln

Soße: 250 g Joghurt, 250 g saure Sahne,
8 bis 10 EL gehackte Kräuter (Schnittlauch, Petersilie, Kresse, Sauerampfer,
Borretsch, Kerbel, Zitronenmelisse), Zitronensaft, Meersalz, Pfeffer ∗
6 bis 8 hartgekochte Eier ∗ 750 g Pellkartoffeln

Für die Soße Joghurt und Sahne mit
den Kräutern vermengen und mit
Zitronensaft, Salz und Pfeffer
abschmecken ∗

Eier längs halbieren und auf der Soße
anrichten ∗
Kartoffeln heiß pellen und dazu
reichen.

Florentiner Auflauf mit Eiern

800 g Kartoffeln, Meersalz ∗
800 g Spinat, 2 Zwiebeln, 1 Knoblauchzehe,
20 g Butter, Meersalz, Pfeffer ∗
4 Eier, 150 g Schmand, 50 g geriebener Emmentaler

Kartoffeln schälen, waschen, in feine Scheiben schneiden und in Salzwasser 3 Minuten blanchieren, abtropfen lassen ∗
Spinat putzen und waschen. Zwiebeln und Knoblauchzehe schälen und in feine Würfel schneiden. Butter erhitzen, Zwiebeln und Knoblauch darin andünsten. Spinat dazugeben und 3 Minuten dünsten. Mit Salz und Pfeffer abschmecken ∗
Kartoffeln und Spinat in eine gefettete Auflaufform geben. Eier mit Schmand verquirlen und darübergießen. Mit Käse bestreuen und Form in den vorgeheizten Backofen setzen.

E: unten
T: 200 °C / 40 bis 45 Minuten
    0   /   5 Minuten

Rezeptübersicht

157

Rezepte von A bis Z

Quellennachweis

von Koerber/Männle/Leitzmann:
Vollwerternährung – Grundlagen
einer vernünftigen
Ernährungsweise
Haug-Verlag, Heidelberg

Muermann:
Lexikon Ernährung
Behr's Verlag, Hamburg

Weitere Bücher über Vollwerternährung